AI와 콘텐츠 스타트업

인공지능총서

인공지능 시대입니다. 기계가 인간의 인지를 대신하고, 사물이 인간을 통하지 않고 다른 사물과 직접 커뮤니케이션합니다. 이에 따른 인간 삶과 문명 변화를 정확히 이해·예측·대응하는 것은 이 시대 우리 모두의 과제입니다. 인공지능총서는 인공지능 기술과 환경의 여러 주제를 10가지 키워드로 정리합니다. 관련 개념과 이론, 학계와 산업계의 쟁점, 우리 일상의 변화를 다룹니다. 인간과 기술의 현재, 미래를 세심히 분석합니다.

일러두기

- 인명, 작품명, 저서명, 개념어 등은 한글과 함께 괄호 안에 해당 국가의 원어를 병기했습니다.
- 외래어 표기는 현행 어문규정의 외래어표기법을 따랐습니다.

처음이세요?

전문가세요?

AI와 콘텐츠 스타트업

이성규

대한민국, 서울, 커뮤니케이션북스, 2024

AI와 콘텐츠 스타트업

지은이 이성규
펴낸이 박영률

초판 1쇄 펴낸날 2024년 8월 26일

커뮤니케이션북스(주)
출판 등록 2007년 8월 17일 제313-2007-000166호
02880 서울시 성북구 성북로 5-11
전화(02) 7474 001, 팩스(02) 736 5047
commbooks@commbooks.com
www.commbooks.com

ISBN 979-11-288-9583-8 03500

책값은 뒤표지에 표시되어 있습니다.

차례

콘텐츠 AI 스타트업의 도전적인 숙명 vii

01 AI와 프롬프트 엔지니어링 1
02 RAG와 검색의 지각변동 11
03 멀티모달과 콘텐츠 제작 19
04 AI 에이전트 29
05 답변엔진 39
06 거대언어모델과 콘텐츠의 저작권 49
07 파인튜닝 대 퓨샷러닝 59
08 거대언어모델의 취약점 67
09 AI 프로덕트와 UX 77
10 AI와 스타트업의 수익 모델 87

콘텐츠 AI 스타트업의 도전적인 숙명

막연함 그리고 두려움과의 싸움이었다. 챗지피티(ChatGPT)와 같은 거대언어모델을 직접 이용하는 것과 누군가를 위한 AI 애플리케이션을 개발하는 것 사이의 간극이 그만큼 컸기 때문이다. 오픈AI(OpenAI) 웹사이트에서 개발자 계정을 열고, API를 연결해서 제품 프로토타입을 만들어 나갈 즈음, TPM(Token Per Minute), RPM(Request Per Minute)이라는 낯선 용어들과 씨름해야 했다. 분당 요청 수가 한도를 초과하면 작동이 되지 않는 시스템이었다. 시간이 지나면서 서서히 한도가 늘어나긴 했지만 거대언어모델의 서비스 방식을 제대로 이해하지 못한 당시엔 무척 당황스러웠던 기억이다. '검증되지 않은 스타트업에겐 기회를 주지 않는 것인가' 하는 불안감에 떨기도 했다. 이 정도는 약과였다. 무엇보다 수익이라는 숙명적 과제를 받아 들고 유료 콘텐츠 제작자를 위한 AI 애플리케이션을 개발해야 한다고 마음먹었을 때 고민은 한층 깊어졌다. 거대언어모델은 주기적으로 업데이트되고 그때마다 성능은 향상됐으며 가격은 낮아졌기 때문이다. 이러한 경쟁 환경 안에서 차별화한 가치를 만들어 내고 유익함을 증명하고, 누군가의 지갑까지 열도록 한다는 건 결코 만만한 작업은 아니었다.

2024년 2월 '문체변경 AI 오웰' 을 처음으로 출시했을 때, 이 싸움이 종료된 것이 아니라 새롭게 시작되는 것이란 사실을 깨달았다. 기자와 홍보 마케터를 표적 사용자로 설정하고 보도자료를 1분 안에 고품질의 기사로 작성해 주는 게 AI 애플리케이션 오웰이다. 기자들의 묵은 과제, 여유가 없어 고품질 기사를 작성하지 못하는 그 문제를 해결하기 위해 기획된 제품이다. 고품질 기사를 정의하고 각종 옵션을 제공하는 제품 기획 하나하나는 프롬프트 설계와 맞닿아 있었다. 왜 프롬프트 엔지니어가 AI 시대에 뜨는 직업인지 실감이 됐다. 하지만 한두 달 지난 뒤 프롬프트 엔지니어의 종언에 대한 여러 기사들이 터져 나오기 시작했고 급기야 프롬프트 작성 AI까지 등장했다.

물론 이게 전부는 아니었다. 예상했던 대로 AI 빅테크가 개발한 거대언어모델들은 업데이트가 될 때마다 우리 애플리케이션이 지닌 중요한 기능을 하나씩 대체해 갔다. 특히 GPT-4o, 클로드 3.5 소네트(Claude 3.5 Sonnet) 모델이 등장했을 때의 충격은 이만저만이 아니었다. 그럴 때마다 더 차별화한 기능, 우리만이 제공할 수 있는 특징을 쌓아 올려 가야 했다. 한편으로는 멀티모달 성능이 대폭 향상되면서 머릿속의 상상을 제품으로 구현할 수 있는 기회가 열리기도 했다. 이미지를 업로드하면 몇 초 안에 기대하는 콘텐츠를 생성할 수도 있었고, 그 역방향도 복잡한 개발 절차를 거치지 않고 손쉽게 만들어 낼 수 있었다.

기회를 포착한 스타트업이 우리뿐만은 아니었다. 거대언어모델 기능이 단계별로 고도화할수록 더 많은 경쟁자가 생겨났다. 거대언어모델로 사실상 언어의 장벽은 허물어졌고, 경쟁사의 범위는 국내에만 한정되지 않았다. 이미 국내 고객사들은 해외 관련 AI 제품들을 한 번쯤은 사용해 본 경험이 있었다. 언어 장벽의 파괴가 가져온 스타트업 경쟁 환경의 보편적인 풍경이다. 우리는 제품의 날을 더 예리하게 세우기 위해 고객의 문제에 더 집중해야 했고 그들과 더 많이 이야기를 나눠야 했다. 제품을 출시한 지 겨우 4개월밖에 되지 않았지만, 그 4개월 사이에 거대언어모델을 둘러싼 기술적, 문화적 환경은 너무나도 빨리 그리고 많이 변하고 있었다.

시작은 막연했지만 지금은 두려움 그 자체다. 그것을 자신감으로 전환하는 과정이 스타트업으로 성공하는 경로라는 걸 누구보다 잘 알고 있다. 변화의 주기가 이전보다 훨씬 빨라졌지만 그 주기보다 더 빠르게 움직여 성장의 모멘텀을 찾아내야 하는 게 스타트업의 숙명이다. 더 깊이 연구하고 고객의 문제에 더 세밀하게 천착할 때 해법은 찾아지게 마련이다. 문체변경 AI 오웰, 그리고 지금 개발 중인 유튜브 기반 책 원고 작성 AI '유투북스'를 통해 배운 AI 스타트업 창업가로서의 짧은 교훈이자 고백이다.

왜 지금 이 스타트업들에게 AI가 중요한가

두려움은 스타트업 창업자들에겐 상수다. 스타트업의 존재 자체가 두려움을 기초로 한다. 두려움을 극복해 가는 과정이 스타트업이 성공의 궤도에 오르는 여정이다. 두려움에 압도당한 이들은 스타트업을 시작하지도 못한다. 두려움 너머로 떠오르는 기회를 더 크게 바라보는 이들이 스타트업을 시작한다. 바로 지금이 그런 기회를 발견하기에 최적의 시점이다. 바로 AI 시대다.

역사적으로 지배적 기술의 변동기에는 3가지 현상이 동시적, 비동시적으로 나타난다. 구 사업자의 시장 퇴출, 구 사업자의 전환, 신규 사업자의 진입이 그것이다. 잠시 초고속 인터넷의 도입 시점으로 시계를 돌려 보자.

당시만 하더라도 PC 통신이 사용자들과 정보를 연결해 주는 주요 커뮤니케이션 수단이었다. 하이텔, 나우누리, 천리안, 유니텔 등의 PC 통신 사업자들은 인터넷 기반의 웹이 주류가 되기 전까지 수십, 수백만 명의 사용자를 유치해 성공의 가도를 달리고 있었다. 하지만 초고속 인터넷은 한순간에 이들을 벼랑 끝으로 몰아세웠다. 현재 이들 가운데 명맥을 유지하고 있는 서비스는 단 하나도 없다. 그나마 2022년까지 서비스를 유지한 유니텔이 가장 오랫동안 살아남은 PC 통신 서비스다. 하지만 이들 가운데 일부는 웹 서비스로 전환을 통해 새로운 활로를 모색하기도 했다. 하이텔은 주변 몇몇 서비스와 통합해 파란(Paran)이라는 포털 사이트로 재탄생했다. 초기만 하더라도 공격적인 마케팅을 전개하며 시장 안에서 입지를 굳혀 가기도 했지만 결국 오래 버티지 못하고 소멸했다. 바로 시장에서 퇴출되지 않고 전환을 통해 생명을 이어간 사례에 해당한다. 다른 한편으로는 새로운 사업자들이 진입했다. 바로 다음과 네이버다. 이들은 기존 레거시가 존재하지 않는 초고속 인터넷 시대의 신규 진입자들이었다. 새로운 기회를 포착하고 몸집을 키워 가면서 두려움을 극복한 플레이어들이다. 네이버는 AI 시대가 도래하기 전까지 명실공히 국내 최고의 인터넷 기업으로 우뚝 섰다. 이 프레임은 모바일 시대에 적용해도 충분히 들어맞는다.

지배적 기술의 변동기는 이처럼 구 사업자들의 기득권을 약화시키고 새로운 진입의 기회를 열어 준다. AI 시대는, 정확히는 생성 AI를 어떻게 정의하느냐에 따라 이견이 있을 순 있겠지만, 지배적 기술의 등장으로 보기에 부족함이 없다. 그것이 시장에 미치는 영향과 크기, 그리고 모든 산업의 기반 기술로 활용되는 흐름과 속도를 보면, 인터넷의 등장에 비견될 수 있을 만큼 경제적 · 사회적 · 문화적 파급력이 상당하다. 만약 이 가설이 틀리지 않았다면 앞으로 어떤 흐름이 전개될지 대략적으로나마 예측해 볼 수 있다. 이 프레임을 콘텐츠 산업에 적용해 AI 시대, 스타트업에게 다가올 수 있는 기회의 성격을 파악해 보자.

퍼플렉시티(Perplexity)라는 AI 기반 검색 서비스가 있다. 이 책에서도 여러 차례 언급되고 있는 신규 검색엔진이다. 이 검색엔진은 스스로를 답변엔진(Answer Engine)이라고 정의한다. 답변엔진이라는 용어에 바로 지배적 기술 변동의 특성이 녹아들어 있다. 인터넷과 모바일 시대의 검색엔진은 사용자가 입력한 키워드를 바탕으로 가장 정확한 문서를 지닌 사이트를 링크 형태로 제시해 준다. 구글의 초기 검색 알고리즘 '페이지랭크'가 전 세계적인 표준으로 올라선 배경이다. 모바일 시대로 넘어가면서 머신러닝 기반의 맞춤형 알고리즘으로 진화하긴 했지만 근간의 아이디어는 바로 페이지랭크였다. 페이지랭크는 인터넷의 모든 문서를 색인해서 상호 인용이 많이 된 순서대로 그 링크를 사용자들에게 제안해 주는 방식이다. 이전 검색엔진에 비해 높은 효율성과 발견 속도를 자랑했다. 이 같은 링크 제시 방식은 '링크 경제'라는 용어를 등장시킬 정도로 주류 경제 논리로 자리매김했다. 구글이나 네이버의 검색 결과 페이지 상단부에 링크가 노출될수록 더 많은 트래픽을 얻을 수가 있었고, 그 트래픽으로 상당한 광고 수익을 취할 수 있었다.

콘텐츠 사업자들은 검색 결과 페이지 내 더 높은 순위에 링크를 위치시키기 위해 검색엔진 최적화라는 기법을 십분 활용했다. 디지털 광고는 링크 기반의 검색엔진이 키워 낸 핵심 수익원이었다. 이 과정에서 검색엔진 최적화는 아예 별도의 컨설팅 산업으로 떨어져 나가 새로운 사업자군을 탄생시키기도 했다. 검색의 정렬 방식 하나가 콘텐츠 산업을 근본부터 바꿔 놓은 것이다. 하지만 퍼플렉시티의 등장은 이러한 콘텐츠 유통 질서, 검색 정렬 방식을 새롭게 재편하고 있다. 이전처럼 사용자들이 원하는 답을 찾기 위해 링크를 타고 웹사이트나 문서로 이동하는 수고를 크게 덜어 주고 있다. 생성 AI가 필요로 하는 답변을 생성해 주기 때문이다. 사용자 입장에서는 원하는 답변을 얻기 위한 시간을 줄일 수 있다. 해당 웹사이트에 부착된 지긋지긋한 광고도 더이상 보지 않아도 된다. 사용자 유익, 접근성 측면에서 이전 검색 체계보다 훨씬 개선된 것이다. 이를 검색증강생성(RAG, Retrieval-Augmented Generation)이라고 부른다.

답변엔진으로 검색의 주류 서비스가 변화하면, 콘텐츠 사업자들의 광고 기반 수익 모델은 근본부터 흔들리게 된다. 링크의 숫자는 줄어들고 기존 검색엔진 최적화는 작동하지 않게 되면서, 수익은 빠르게 줄어들 수밖에 없는 위기에 봉착하는 것이다. 일부는 시장에서 퇴출될 수밖에 없고, 일부는 전환을 모색할 것이며, 이 기회를 눈여겨본 스타트업들은 새로운 검색 유통 질서에 최적화한 사업을 시작할 것이다. 생성 AI가 검색엔진의 변화를 촉발하고, 이로 인해 콘텐츠 유통 질서가 재편되는 연쇄 효과가 일어나면서 앞서 초고속 인터넷 시대에 나타났던 퇴출과 전환, 신규 진입의 메커니즘이 발동하는 것이다. 이미 답변엔진으로의 전환은 퍼플렉시티뿐 아니라 구글, 네이버까지 동참한 상황이어서, 이 흐름이 역전

될 가능성은 그리 커 보이지 않는다. 생성 AI의 비용과 부정확성의 문제만 어느 정도 해결된다면 답변엔진이 검색의 주류 질서로 자리잡는 데까진 그리 오랜 시간이 걸리지 않을 것으로 보인다. 관건은 콘텐츠 산업에 어떤 신규 진입자들이 등장할 것이냐로 모이고 있는 중이다.

스타트업은 이 기회를 놓쳐서는 안 된다. 지배적 기술 변동기의 특성을 제대로 이해하고, 중장기적으로 전개될 산업의 흐름을 간파해서, 생존에 최적화된 제품을 출시할 필요가 있다. 물론 말이 쉽지 격심한 경쟁 환경 안에서 자신의 가설을 수익으로 연결하기란 모래사장에서 바늘 찾기만큼이나 어렵다. 그럼에도 자주 오지 않는 지배적 기술의 변동기를 놓치기엔 너무나도 아쉬울 수밖에 없다. 이 책은 생성 AI 시대, 스타업들이 자신의 가설을 수익으로 연결하기 위해 준비해야 할 최소한의 방안들을 우왕좌왕한 필자의 경험을 바탕으로 열거해 둔 것이다.

왜 이 10가지 토픽을 선정했는가

다시 강조하지만 이 책은 생성 AI 시대라는 지배적 기술의 변동기에 AI 스타트업, 좀 더 좁혀서 콘텐츠 기반 AI 스타트업이 생존하기 위해 알아야 할 핵심 토픽 10가지를 정리한 것이다. AI 스타트업으로 초기 사업을 전개하고 있는 선배 창업자로서 실수를 최소화하기 위한 트렌드와 기술, 팁 등을 담았다. 물론 이 토픽이 언제까지 유효할지는 장담하기 어렵다. 가급적 2년 내외 정도는 지속될 수 있는 기술 흐름에 집중했다.

우선 1장은 AI 제품의 기초라 할 수 있는 프롬프트 엔지니어링 기법에 대해 설명한다. 어느새부터인가 프롬프트 엔지니어링은 AI 스타트업의 핵심 기술로 평가를 받지 못하고 있다. 그럼에도 프롬프트 엔지니어링이 모든 AI 스타트업의 기초 기술임은 부인하기 어렵다. 세련된 신규 기법을 활용하면 저비용의 거대언어모델로도 최신 모델 이상의 성과를 얻어 낼 수 있다. 비용을 절약하기 위한 방편으로 프롬프트 엔지니어링을 접근하면 할 수 있는 것들이 늘어난다. 물론 프롬프트 엔지니어링만으로 경쟁 스타트업의 접근을 막을 해자를 만드는 데까진 나아갈 수 없겠지만 수익 창출에 유용한 방법론인 것만큼은 분명하다. 여기서 다루는 프롬프트 엔지니어링 기법은 제한적이다. 새롭게 등장하는 기법을 지속적으로 연구하는 건 스타트업의 필수 조건이다.

2장은 검색증강생성의 개념과 구현 방식에 대해 소개했다. 검색 질서가 답변엔진으로 바뀌고 있다는 전제로 기술했다. 답변엔진을 만들 수 있는 기회나 장벽은 이전에 비해 많이 낮아졌다. 직접 구현하고 서비스할 수 있는 기회가 새롭게 열리고 있다. 오히려 어떻게 비용을 절약하면서 구축할 수 있는가에 대한 관심이 높아지고 있다. 이를 위해 고려해야 할 사항들을 제안해 봤다.

3장은 결코 놓쳐서는 안 될 흐름인 거대언어모델의 멀티모달화 경향성이다. 멀티모달은 일종의 형식과 포맷이다. 거대언어모델이 이해하고 생성할 수 있는 형식과 포맷이 다양화하고 있다는 것은 텍스트에서 영상까지 넘나들며 AI 제품을 만들어 낼 수 있는 기회가 열린다는 메시지다. 열리고 있는 기회를 어떻게 제품에 담을 것인지를 간략하게 서술해 두었다. 4장은 AI 제품의 궁극적인 지향으로서 AI 에이전트를 소개하고 있다. AI 스타트업은 단일 제품으로 승부를 보기 어려운 국면으로 치닫고 있다. 이미 사용자들은 훨씬 더 높은 수준의 답변과 자동화를 기대한다. 이를 해결해 줄 수 있는 기술 구성이 바로 AI 에이전트다. 그것의 개념은 무엇이고 구현 방법은 어떠한지를 적었다. 5장은 앞서 언급한 답변엔진의 개념과 트렌드를, 6장은 스타트업이 반드시 유념해야 할 저작권 문제를 언급하고 있다. 스타트업은 특성상 저작권 염려 없는 데이터를 확보하지 못한 경우가 많다. 하지만 무리하게 허락받지 않은 데이터를 활용하면, 여러 법리적 갈등에 휘말릴 수도 있다. 스타트업이 알아야 할 공정 이용의 범위 등을 오픈AI 등의 법률 갈등 사례를 통해 파악해 봤다.

7장과 8장은 스타트업의 반드시 알아야 할 거대언어모델의 취약점을 소개하고 이를 해결하기 위한 방안으로 퓨샷러닝과 파인튜닝 방법을 알려 주고 있다. 모든 AI 제품의 핵심 조건은 신뢰성과 정확성 그리고 전문성이다. 이러한 기본 조건이 충족되지 않으면 수익을 담보할 수 없고 비즈니스를 지속하기도 어렵다. 완벽할 것 같은 거대언어모델도 실제 제품 개발에 활용하려고 하면 여러 취약점이 수시로 발견된다. 이를 해결하는 방법을 빨리 찾아내지 못하면 사업의 확장이 어려워질 수도 있다. 9장과 10장은 본격적으로 수익을 얻기 위해 준비해야 할 사항들을 정리한 챕터다. 좋은 기술을 가졌다고 항상 수익이 창출되는 것은 아니다. 비즈니스가 작동하는 연결고리를 찾아내야 할 뿐 아니라 UI/UX가 사용자 친화적이어야 한다. 무엇보다 개발자 중심 설계와 디자인에 매몰되면, 사용자 유치나 체류가 어려워지고 나아가 수익 확보도 불가능해질 수 있다. 이 장에서도 언급하고 있지만 현재까지 출시된 AI 제품은 UX 측면에서 개선 사항이 셀 수 없을 정도로 많다는 것이 일반적 평가다. 그러다 보니 수익성을 확보한 스타트업도 많지 않다. 수익과 UX는 어쩌면 함께 움직이는 특성이 있는 만큼 이를 염두에 두고 연결해서 읽어 볼 것을 권한다.

스타트업들에게 주고자 한 메시지

'넓게 사고하고 좁게 만들어라'라는 격언이 있다. 전 세계 고객을 염두에 두고 제품을 구상하되, 출시되는 제품은 좁은 영역에서부터 차근차근 시작하라는 의미다. 꿈은 크게 가져야 하지만 제품을 그렇게 개발하기 시작하면 너무나 많은 자원이 소요된다. 여러 차례 언급하고 있지만, 거대언어모델은 세상의 모든 지식을 학부 수준 혹은 그 이상으로 습득한 기계다. 범용적 사용을 위해 설계된 기술이다. 모델이 한 번 업데이트될 때마다 새로운 지식을 습득하면서, 지능 수준도 향상된다. 이는 AI 스타트업이 반드시 전제해야 할 경쟁 환경이다. 좁은 영역에서 확실한 전문성을 갖춘 AI 제품이 아니라면 언제든지 거대언어모델에 의해 시장에서 퇴출될 수 있다.

버티컬 AI 애플리케이션이라는 용어가 있다. 틈새 산업에 특화된 AI 제품을 말한다. 창업 초기부터 오픈AI나 앤스로픽(Anthropic)과 경쟁할 것이 아니라면 틈새 전략에 집중할 필요가 있다. 고객을 더욱 좁혀서 사업 검증에 우선 성공하는 것이 중요하다. 자신의 기술을 차별화하기 위해 이 책에서 열거된 여러 기법들을 뒤섞고 연결하고 재조립해야 한다. 버티컬 영역에서 확실한 경쟁력을 확보하지 않은 AI 스타트업의 운명은 그저 풍전등화에 지나지 않는다. 버티컬 영역에서 성공했다고 하더라도 다른 영역으로 확장하지 않으면 생존이 담보되지 않는다. 당연히 투자자들은 확장성이 취약한 스타트업들에 관심을 보이지 않는다. 최근 AI 스타트업들이 우후죽순 등장하면서 투자자들의 시선도 엄격해졌다. 기술적 차별성과 전문성, 시장 확장성을 중점적으로 따진다. '거대언어모델을 직접 개발하지 않은 이상 어떻게 차별화하냐'고 볼멘소리를 내놓을 수도 있지만 안타깝게도 시장은 그만큼 냉혹하다.

모든 정답은 고객에게 있다. 고객의 고충에 집중하지 않으면 생존의 대안을 기술에서 찾아내긴 어렵다. 이것만큼 어려운 과정도 없지만, 막상 해 보면 이것만큼 당연한 접근법도 존재하지 않는다. 고객의 지갑을 열게 할 만큼의 가치 제안을 생성 AI 기술을 통해 설계하고 제공하지 않으면 성공은 뜬구름이나 다름없다. AI는 고객의 문제를 해결하기 위한 최신의 세련된 기술일 뿐이다.

분명 어려운 여정이다. 필자 또한 풀어 내지 못한 숙제들로 밤잠을 설치는 날이 계속 늘어나고 있다. 어쩌면 필자가 해결하지 못하고 쌓아 둔 숙제를 글로 그럴듯하게 남겨둔 것이 이 책일지도 모른다. 그만큼 진심이 담겨 있다는 메시지로 이해해 주길 부탁드린다.

참고문헌

윤민혁(2022). '최후의 PC통신' 유니텔, 26년만에 서비스 종료. https://www.sedaily.com/NewsView/263B9LA0MR

Genkina. D.(2024). AI prompt engineering is dead. https://spectrum.ieee.org/prompt-engineering-is-dead

https://orwell.bluedot.so/

https://platform.openai.com/docs/guides/rate-limits/usage-tiers

https://www.perplexity.ai/hub/technical-faq/what-is-an-answer-engine-and-how-does-perplexity-function-as-one

01
AI와 프롬프트 엔지니어링

프롬프트 작성은 기존 코딩 방식과는 다른, 자연어를 사용한 새로운 형태의 코딩이다. 이는 거대언어모델과의 상호작용을 위해 필요하며, 일상 언어를 통해 충분히 구현할 수 있다는 점에서 접근성이 높다. 그러나 이 과정에도 나름의 규칙과 문법이 요구되며, 명확한 목적 달성을 위해서는 특정 기법과 필수 구성 요소가 포함되어야 한다. 이러한 프롬프트 작성 과정을 '프롬프트 엔지니어링'이라 칭하며, 이는 코딩의 연장선으로 볼 수 있다.

AI와 1인 창업?

프롬프트와 코딩

프롬프트(Prompt) 작성은 코딩이다. 거대언어모델과 상호작용하고 이를 제어하기 위한 코딩이다. 단, 자연어로 구성되고 서술된다는 점에서 기존 프로그래밍 코드 작성과는 성격을 달리한다. 소프트웨어와 상호작용하는 코딩은 각 프로그래밍 언어의 일반적 문법과 어휘(명령어), 구조를 따라야 한다. 자연어와 많이 가까워졌다고는 하나 여전히 벽은 높은 편이다. 하지만 거대언어모델과 대화하는 프롬프트는 우리의 일상 언어로 충분히 구성할 수 있다. 확연히 벽이 낮아진 코딩이라 해도 과언은 아니다. 그렇다고 프롬프트 작성이 아주 쉬운 것만은 아니다. 나름의 문법이 존재하고 기법이 있으며, 필수 구성 요소가 들어가야 한다. 그것이 우리의 일상 언어로 가능하다는 점이 다를 뿐이다.

챗지피티의 대화창에 "아래 첨부된 글을 보고 인터뷰 질문을 뽑아 줘"라고 입력하는 일종의 명령문은 분명 프롬프트라 할 수 있다. 파이썬 등 프로그래밍 언어를 배우면서 입문 격으로 print('hello')를 입력해 보는 것도 코딩이다. 그렇다고 파이썬 코딩을 잘한다고 말하진 않는다. 파이썬으로 소프트웨어를 능수능란하게 제어한다고도 하지 않는다. 프롬프트의 세계도 이와 다르지 않다. 거대언어모델을 원하는 목적에 맞게, 오류와 환각을 통제하며 다루기 위해서는 그 나름의 규칙과 문법을 익혀야 한다. 이를 프롬프트 엔지니어링(Prompt Engineering)이라고 한다. 코딩의 연장선상에 있기에 엔지니어링이라는 단어가 붙는다.

프롬프트 엔지니어링을 이해하기 위해서는 프롬프트의 종류부터 구분할 필요가 있다. 일반적으로 오픈AI나 앤스로픽과 같은 거대언어모델 개발사들은 자사의 거대언어모델을 이용해 다양한 애플리케이션을 개발할 수 있도록 개발자 대시보드를 제공하고 있다. 여기엔 '플레이그라운드'라는 메뉴가 공통적으로 개설돼 있다. 일종의 예제 프롬프트를 입력해 결과값을 테스트해 보도록 하는 공간이다. 예를 들어, 오픈AI가 제공하는 플레이그라운드에는 챗 모드, 어시스턴트 모드, 컴플리션 모드가 있는데, 이 도구들을 활용하면 각 거대언어모델이 어떤 출력물을 제시할지 미리 확인해 볼 수 있다. 챗 모드를 클릭하면 2개의 큰 입력창과 6개의 부가적인 설정값 항목을 만나게 된다. 큰 입력창 2개 중 하나는 시스템 인스트럭션(System Instruction), 다른 하나는 사용자 메시지(User Message)다. 시스템 인스트럭션을 일반적으로 시스템 프롬프트, 사용자 메시지를 사용자 프롬프트라고 부른다. 여기서는 스타트업의 AI 애플리케이션 개발을 위해 시스템 프롬프트만을 다루고자 한다.

시스템 프롬프트 설계의 필수 요소

앞서 말했듯, 프롬프트 작성은 코딩과 흡사하다. 프롬프트 엔지니어링은 그래서 코딩의 사고로 접근할 필요가 있다. 원하는 용도에 맞게 품질 높은 생성 결과물을 얻기 위해서는 코딩에 준하는 방식으로 프롬프트를 전개해야 한다. 그렇지 않으면 생성된 결과물은 뻔한 내용으로 가득 차게 된다. 일관성도 담보할 수가 없다. 간혹 챗지피티를 사용하다 만족감이 떨어진 경험담을 듣곤 하는데 이는 프롬프트의 필수 구성 요소를 충분히 제공하지 않아서라고 할 수 있다. 품질 높은 생성 결과물을 얻기 위해서는 시스템 프롬프트에 최소한 5~6가지를 기본적으로 녹여 내야만 한다. 여기서는 여러 모델의 참고 자료를 종합해 6가지만 소개하기로 한다. 참고로, 오픈AI는 자체 프롬프트 엔지니어링 가이드에서 6가지 테크닉을 제안하고 있다.

맥락 혹은 페르소나

모든 거대언어모델은 범용 모델이다. 워낙 방대한 데이

터를 학습한 탓에 거의 모든 용도에 활용할 수 있도록 설계됐다. 이는 장점이자 단점이다. 역할을 명확히 지정하지 않으면 말 그대로 평범하고 범용적인 답변만을 내놓는다. 따라서 시스템 프롬프트에 역할 모델을 구체적으로 명시하는 것이 필수적이다. 예를 들어, "당신은 15년차 테크 뉴스 기자 및 에디터로 활동하며 한국기자상을 3번 이상 수상한 탁월한 저널리스트입니다"라고 역할 모델을 지정해 주면, 분야 전문성에 걸맞은 최상의 결과물을 생성해 준다.

목표 혹은 작업

누구나 마찬가지겠지만 정량적이든 정성적이든 작업 목표가 명징할수록 업무 수행의 긴장감과 밀도는 높아지게 마련이다. 거대언어모델도 다르지 않다. 그냥 "잘 써 주세요"와 "유료 구독 전환율을 높일 수 있도록 글을 써 주세요"는 명확한 업무 수행의 차이를 드러내게 된다. 직장 상사가 애매모호한 언어로 업무를 지시했을 때와 명확한 목표를 제시하고 작업 방법을 제안했을 때 수행력 측면에서 큰 차이를 보인다는 걸 기억하면 된다. 목표는 구체적이어야 하고 작업 수행 방식은 치밀하게 서술해야 한다.

타깃 사용자

어떤 AI 애플리케이션을 만들든, 그것의 사용 대상은 한정돼 있기 마련이다. 특정 산업군의 임원일 수도 있고, 인턴일 수도 있다. 주력으로 삼는 사용자가 누구냐에 따라 필요로 하는 정보의 구체성이 달라지고, 선호하는 언어적, 비언어적 스타일도 바뀐다. 타깃 사용자를 시스템 프롬프트에 구체적으로 기술하지 않으면 결과값은 '엣지'가 없고 뭉툭해질 수도 있다. 가급적 이 항목 또한 제대로 된 정의를 내리고 그들의 특성을 적어 거대언어모델이 제대로 이해할 수 있도록 도와야 한다.

스타일

기대하는 생성 결과물이 텍스트이건 이미지이건 혹은 영상물이건 스타일은 결과물을 가장 돋보이게 하는 필수 요소다. 논란이 되곤 했지만, 특정 작가의 글쓰기 스타일, 특정 화가나 운동의 화풍, 그리고 특정 제작자의 영상 스타일 등을 프롬프트에 명시하는 게 유행이었던 적이 있다. 이로 인해 유명 작가들의 저작물을 무단으로 학습했다는 부정적 여론이 일어났던 것도 사실이다. 어찌 됐든 명확한 스타일을 시스템 프롬프트에 지정하면 훨씬 품질 높은 생성값을 얻을 수 있다는 사실을 염두에 두는 것이 좋다.

제약 사항

거대언어모델은 학습하지 않은 데이터에 대한 요청이 들어올 경우 기존 학습 데이터를 바탕으로 추론하면서 환각(Hallucination)을 내뱉으려는 경향성이 비교적 뚜렷하다. 목적에 따라서 환각은 약이 되기도 하고 독이 되기도 한다. 더 창의적인 결과물을 얻어야 하는 작업이라면 환각이 도움이 될 수 있지만 사실 위주의 정보 생성이 주된 작업 목적이라면 위험천만한 결과를 가져올 수도 있다. 제약 사항을 시스템 프롬프트에 정의하고 이를 명시하는 것은 환각을 최소화하기 위한 최소한의 절차다. 다만 앞선 프롬프트 문구와의 지시 충돌이 적을 때 효력을 발휘한다.

응답 형식

결과물을 어떤 형식, 포맷으로 보여 주느냐는 정의하기 나름이다. JSON 파일로 생성된 결과물을 내보내고 싶을 때도 있고, 보도자료 형식으로 포맷을 제시하고 싶을 때도 있을 것이다. 제목을 붙인 형태로 보여 주고 싶을 때도 있고, 추천 태그를 담아서 생성시켜 보고 싶을 때도 있을 것이다. 시스템 프롬프트에 응답 형식을 지정해 두면, 원하는 형태와 형식으로 생성된 결과물을 뽑아낼 수 있다.

6가지 필수 요소는 개발하고자 하는 애플리케이션의 목적과 용도에 따라 필요 없는 부분은 덜어 내도 되고 추가해도 된다. 이 과정에서 자신만의 프롬프트 프레임워크를 발견하는 성과도 거둘 수 있을 것이다. 한두 가지 팁을 더하자면, 가장 좋은 몇 가지 모범 사례를 '예시'라는 구분문을 달고 입력해 두면 향상된 결과물을 얻을 수 있다. 이를 원샷 또는 퓨샷 러닝(Few Shot Learning)이라고 부른다.

고급 기술로서 프롬프트 체이닝

프롬프트 엔지니어링은 이 정도 수준에 그치지 않는다. 더 차별화한 AI 애플리케이션을 개발하기 위해서는 더 고도화한 엔지니어링 기법을 익힐 필요가 있다. 그 가운데 한 가지가 프롬프트 체이닝(Prompt Chaining)이다. 용어 자체에서 유추할 수 있듯, 하나의 프롬프트가 아니라 여러 개의 프롬프트를 연쇄적, 단계적으로 적용하는 방법론이다. 이 과정에서 여러 개의 거대언어모델을 활용할 수도 있다. 다중 프롬프트 다중 거대언어모델을 통해 훨씬 더 복잡한 작업을 처리해 낼 수 있다. 예를 들어, 사용자가 입력한 장문의 제품 리뷰 텍스트를 바탕으로, 1) 해당 제품의 장단점을 요약하고 2) 별점을 예측하는 애플리케이션을 개발한다고 가정해 보자. 이를 하나의 프롬프트로 처리하려면 시스템 프롬프트 문구는 길어질 수도 있다. 혹은 그 복잡성으로 결과물의 정확성이나 신뢰도가 낮아질 수도 있다. 이런 경우 프롬프트 체이닝 기법을 이용하면 만족스러운 결과물을 얻을 수 있다.

구체적인 구현 기법을 설명하자면 먼저 1단계 프롬프트에서 요약문을 추출하고, 2단계 프롬프트에서는 1단계 결과물을 바탕으로 장점과 단점을 추출하며, 3단계 프롬프트에서는 1단계와 2단계 출력물을 바탕으로 별점을 예측한다. 물론 이 과정은 API를 통해 별도의 프로그래밍 작업을 거쳐야 한다. 당연히 하나의 거대언어모델에 의존하지 않아도 된다. 1단계는 GPT-4o 모델을, 2단계는 클로드 3 오푸스(Opus) 모델을 사용할 수도 있다. 각 모델의 장단점을 충분히 숙지한 뒤 최상의 결과물을 얻을 수 있는 모델을 스타트업 스스로 선정하기만 하면 된다. 참고로 이러한 모델링을 에이전트형 워크플로

(Agentic Workflow)라고도 한다.

클로드 3를 개발한 앤스로픽은 자체 가이드에서 "각 단계에서 생성된 출력의 정확성 및 일관성을 향상하고 특히 오류가 발생하기 쉽거나 처리가 어려울 수 있는 특정 하위 작업을 분리해 보다 쉽게 문제를 해결할 수 있다"고 프롬프트 체이닝의 장점을 설명했다. 스타트업이 전문 분야에 특화한 더 높은 가치의 애플리케이션을 개발하려면 위와 같은 고급 프롬프트 엔지니어링 기법을 익힐 필요가 있다.

참고문헌

Snowflake Developers(2024). Andrew Ng On AI Agentic Workflows And Their Potential For Driving AI Progress. https://www.youtube.com/watch?v=q1XFm21I-VQ

https://docs.anthropic.com/en/docs/chain-prompts#when-to-use-prompt-chaining

https://platform.openai.com/docs/guides/prompt-engineering/six-strategies-for-getting-better-results

https://platform.openai.com/playground

https://www.anthropic.com/

02
RAG와 검색의 지각변동

인공지능 기술이 급속도로 발전하면서, 특히 생성 AI 분야에서는 정보의 정확도와 신뢰성을 높일 수 있는 새로운 방법들이 모색되고 있다. 이 중 검색 기반 생성 AI인 RAG(Retrieval-Augmented Generation) 기술은 정보를 검색하고 이를 바탕으로 새로운 내용을 생성함으로써, 환각 현상을 줄이고 정보의 질을 개선하는 데 크게 기여할 수 있음이 강조되고 있다.

AI와 MBTI?

환각과 검색증강생성의 부상

최근 인공지능 기술의 진보는 다양한 분야에서 새로운 가능성을 열어 가고 있다. 그중에서도 생성 AI 기술은 정보의 정확성과 신뢰도를 높이는 데 핵심적인 역할을 할 수 있다는 특성이 점차 명확해지고 있다. 이 챕터에서는 RAG(Retrieval-Augmented Generation)라 불리는 검색 기반 생성 AI가 어떻게 환각 현상을 극복하며 정보의 질을 향상시킬 수 있는지에 대해 소개한다.

챗지피티와 같은 언어모델의 고질적 문제 중 하나는 정보의 최신성이 보장되지 않는다는 점이다. 그뿐만 아니라 환각의 가능성도 상당히 높은 편이다. 이 문제가 지속되는 한 사용자들은 최신의 정확한 정보를 거대언어모델을 통해 획득하기가 쉽지 않다. 거대언어모델은 자신이 학습한 정보를 바탕으로 결과값을 생성해 주기에 그렇다. 예를 들어 오픈AI의 GPT-4 터보 모델의 경우 2023년 12월까지의 데이터까지만 학습을 한 상태다. 그 이후 데이터는 환각 상태로 추론돼 제시될 가능성이 높다. 2023년 12월 이후의 최신 정보나 뉴스는 챗지피티를 통해 정확한 정보를 확인할 수가 없다. 이 문제를 해결하기 위해 등장한 기술이 바로 RAG, 즉 검색증강생성 기술이다.

RAG는 "대규모 언어 모델의 출력을 최적화해 응답을 생성하기 전에 학습 데이터 소스 외부의 신뢰할 수 있는 지식 베이스를 참조하도록 하는 프로세스"다. 쉽게 말하면 생성 AI에 최적화한 검색 시스템 혹은 구조라고 할 수 있다. 정보 검색과 콘텐츠 생성이 결합된 기술인 셈이다. 기존 검색이 입력된 키워드와 잘 매칭되는 링크를 순위별로 제시하는 방식이라면, RAG는 입력된 키워드나 문장과 잘 매칭되는 콘텐츠를 찾아서 이를 생성형으로 제시하는 방식이다. 네이버의 대표적인 RAG 서비스인 CUE:에서 질의문을 입력하면 그 아래에 생성된 검색 결과물이 나타난다. 바로 이러한 방식의 검색 서비스를 RAG라고 할 수 있다.

RAG는 생성 AI 서비스의 기본적인 형태로 점차 자리를 잡아 가는 중이다. 챗지피티 검색, 퍼플렉시티 등 일반 사용자들이 접하는 대부분의 생성 AI 서비스들은 RAG 방식으로 구축됐거나 재구축되고 있다. 다시 강조하지만 최신 정보를 얻길 원하는 사용자들의 요구를 수렴하는 과정에서 RAG는 더 이상 미룰 수 없는 과제가 되고 있는 것이다. 특히 과거 콘텐츠 아카이브가 풍부한 미디어들의 경우 재빠르게 RAG 기반의 검색 챗봇 서비스를 출시함으로써 자사만의 특화된 검색 기능을 독자들에게 제공하고 있다.

미국의 대표적인 지역 언론사인 샌프란시스코 크로니클(San Francisco Chronicle)은 자체 개발한 초우봇(Chowbot)을 통해, 독일의 대중 언론사인 빌트(Bild)는 헤이(Hey)를 통해 이러한 신기술의 성공적인 적용 사례를 보여 주고 있다. 특히 초우봇은 1000건이 넘는 레스토랑, 음식, 와인 리뷰 데이터베이스를 구축해, 사용자가 요청하는 검색 결과를 생성하기 위한 벡터 데이터베이스를 만들었다. 이 과정에서 단순히 방대한 양의 내부 기사를 수집하는 것이 아니라, 해당 내용을 벡터 형태로 변환해 거대언어모델이 이해할 수 있도록 처리하고 있다.

벡터화와 벡터 데이터베이스

내부 데이터의 벡터화는 RAG 검색 챗봇의 가장 기본적인 과정이다. 거대언어모델이 최신 정보를 검색에 기반해 생성할 때 벡터화한 데이터를 바탕으로 작동하기 때문이다. 벡터화는 기존 텍스트 등 콘텐츠를 벡터 언어 혹은 표기로 변경하는 작업을 일컫는다. 이를테면, '가나다'라는 단어가 존재한다고 가정해 보자. 이를 벡터화하면 [0.1, 0.3, 0.5]와 같은 여러 차원의 수치화된 표기로 전환된다. 이를 임베딩이라고 하는데 임베딩을 거친 언어 데이터를 벡터화했다고 말할 수 있다. 다시 말하지만, 벡터화된 데이터는 임베딩 과정을 거쳐야 하며, 이러한 작업은 오픈AI 등이 제공하는 'text-embedding-ada-002' 같은 모델을 사용해 진행할 수 있다. 구축된 벡터 데이터베이스는 다음으로 거대언어모델이 사용자의 질문에 가장 적절한 답변을 생성할 때 필수적인 자원으로 활용된다.

거대언어모델은 벡터화된 데이터베이스에 저장된 자료를 코사인 유사도(Cosine Similarity)를 바탕으로 관련성 높은 정보를 검색하고, 그 결과를 최종적으로 사용자에게 제공되는 답변으로 생성한다. 코사인 유사도는 문서들 간의 유사도를 비교할 때 문서의 길이를 정규화하는 방법의 하나다. 비슷하게는 유클리드 유사도를 사용하기도 한다. 물론 이보다 더 다양한 유형으로 문서의 유사도 순위를 매기는 방법도 등장하고 있다. 이 과정에서 파이스(FAISS), 크로마(Chroma), 파인콘(Pinecone) 등 다양한 도구들이 벡터 데이터베이스 관리와 검색에 활용됨으로써, 보다 심도 깊고 정확한 정보 제공이 가능해진다.

앞선 예를 통해 작동 과정을 살펴보기 위해 A 미디어가 보유한 맛집 관련 기사들로 벡터 데이터베이스를 구성했다고 가정해 보자. 이 단계에서 중요한 것은 해당 데이터베이스에 거대언어모델을 연결해 사용자가 "서울역 주변 맛집을 추천해 줘"와 같은 질문을 할 때 AI가 해당 요청에 부합하는 정보를 자연스러운 언어로 되돌려줄 수 있도록 하는 것이다. 이 과정에서 거대언어모델은 벡터 데이터베이스 내용을 분석해 유사도가 높은 결과를 찾아낸다. 그리고 이를 사용자에게 추천 목록과 함께 소스 링크 형태로 제공한다. 사용자 입장에서는 정확한 정보를 출처를 통해 확인할 수 있게 되는 것이다.

RAG 구축을 위한 경제성 검토

RAG 시스템 구축을 위해서는 적절한 거대언어모델 선택이 필수적이다. 가격 대비 성능도 고려해야 한다. 오픈AI의 다양한 거대언어모델 버전, 클로드의 최신 거대언어모델, 네이버 하이퍼클로바X 등 여러 옵션들이 있으며 각각의 모델은 장단점과 비용 면에서 차이를 보인다. 따라서 사업 목적과 예산에 맞는 모델을 선택한 후, 필요 시 모델의 파인튜닝을 통해 기업 고유의 어조와 스타일을 반영할 수 있는 거대언어모델로 발전시켜야 한다. 무엇보다 생성된 결과물의 포맷이 사용자 친화적으로 되기 위해서는 시스템 프롬프트(System Prompt)의 조정 작업이 필요하다. 비용 문제로 인해 다소 예전 모델을 사용하더라도 시스템 프롬프트가 잘 구성돼 있으면 좋은 결과값을 사용자들에게 제공할 수가 있어서다. 이 모든 과정이 완료되면 마치 챗봇 같은 형태로 사용자들에게 정확한 검색 서비스를 제공할 수 있게 된다. 당연히 최종적으로는 사용자 인터페이스(UI) 개발까지 마쳐야 한다.

위에서 설명한 바와 같이, AI 기술과 벡터 데이터베이스를 결합한 RAG 챗봇 검색 시스템 구축은 정보 접근성과 편리성, 정확성 증대라는 큰 장점을 가진다. 그러나 이러한 시스템 개발 과정에서는 정확한 모델 선택 및 프롬프트 조정 작업이 필수적으로 요구되며, 이 과정에서 나타날 수 있는 다양한 도전 과제들 역시 성공적인 서비스 제공을 위해 극복해야 할 중요한 관문임을 잊어서는 안 된다. 무엇보다 스타트업 차원에서는 비용 문제를 반드시 고려해야 한다. 사용자가 챗봇창에 입력하는 모든 질의문이 거대언어모델 사용료로 산입되기에 그렇다. 자칫 사용자들의 과도한 질의를 방치할 경우 '적자의 함정'에 빠질 수도 있다. 입력과 결과 생성 모두가 거대언어모델의 API 비용으로 청구되며, 거대언어모델 사용료가 점차 낮아지고 있다고는 하나 스타트업 입장에서는 부담스러운 가격임은 분명하다.

어찌 됐든 RAG 기반 AI 챗봇 검색과 같은 최신 인공지능 기반 기술의 발전은 인간과 AI 간의 상호작용을 한 단계 더 발전시키며, 정보 접근성과 정확성 면에서 매우 중요한 전환점을 마련하고 있다. 충분한 콘텐츠 데이터를 보유하고 있는 스타트업이라면 RAG 기반의 AI 챗봇을 통해 다양한 수익 모델을 개발할 수 있는 기회도 열리고 있다.

참고문헌

https://aws.amazon.com/ko/blogs/tech/korean-reranker-rag/

https://aws.amazon.com/ko/what-is/retrieval-augmented-generation/

https://platform.openai.com/docs/models/gpt-4-turbo-and-gpt-4

https://www.perplexity.ai/

https://www.sfchronicle.com/projects/where-to-eat-sf-bay-area-chowbot/

03
멀티모달과 콘텐츠 제작

확산 모델과 트랜스포머 모델이 결합된 확산 트랜스포머 모델은 이미지나 동영상 생성 기술의 발전에 크게 기여하고 있다. 소라는 동영상에 대응하는 캡션을 생성하고 학습 데이터로 활용해 보다 정교하고 고품질의 결과물을 만들 수 있게 되었다. 스타트업들은 멀티모달 거대언어모델의 발전 추세를 주시하며 전문성과 자체 데이터 확보를 통해 경쟁력을 유지해야 한다. 콘텐츠 제작의 기초로서 멀티모달의 메커니즘과 향후 확장 가능성을 살펴본다.

AI와 난임 극복?

멀티모달 '소라'가 가져온 충격

오픈AI가 영상 생성 거대언어모델 '소라(SORA)'를 공개했을 때 전 세계는 충격에 빠질 수밖에 없었다. 간단한 텍스트 입력만으로 1분 이하의 고품질 영상 콘텐츠를 자유자재로 제작하는 걸 지켜보면서 거대언어모델의 한계는 어디까지인가라는 탄식을 자아내기도 했다. 여전히 상용 서비스로 출시되지는 못하고 있지만 그것이 가져올 파급효과에 대한 논의는 지금도 뜨겁게 전개되고 있다. 그간의 이미지나 동영상 생성에 대한 접근 방식은 동영상을 표준 크기(예: 256×256 해상도의 4초 동영상)로 사이즈를 조정하거나 자르거나 트리밍하는 방식이었다. 하지만 소라는 와이드스크린(1920×1080p) 고품질 비디오, 숏폼과 같은 세로(1080×1920) 비디오, 그 중간 영역의 모든 비디오를 만들어 낼 수 있다. 이를 통해 소라는 다양한 디바이스의 화면 비율로 직접 콘텐츠를 제작한다. 사실상 모든 디바이스에 대응할 수 있는 영상 생성이 가능해졌다는 의미다.

여기에 그치지 않는다. 특정 영상을 업로드하면 전후 영상을 추론해 생성한다. 전후 영상을 업로드하면 그 사이 시점의 영상도 매끄럽게 제작해 준다. 심지어 2차원 평면 영상을 제출하면 3D로 변환하는 작업도 수행한다.

아직 수 분 이상 분량의 영상을 만들어 내지 못하는 한계는 있지만, 거대언어모델의 진화 방향을 짐작하는 데 부족함은 없다.

왜 멀티모달을 꿈꾸나

소라는 대표적인 멀티모달 거대언어모델이다. 여기서 멀티모달(multi-modal)은 다중을 뜻하는 멀티와 양식, 포맷을 의미하는 모달리티의 합성어다. 기계적으로 해석하자면 다중양식 거대언어모델이다. 다중양식을 입력값으로 받아 다중양식으로 출력하는 거대언어모델이라고 할 수 있다.

기본적으로 인간은 다양한 감각 기관을 통해 여러 양식의 정보를 수집하고 처리한다. 시각, 청각, 후각, 미각, 촉각 등 오감을 활용해 정보를 감각하는 것이다. 멀티모달 거대언어모델은 이러한 인간의 감각 기관을 모방하여 다양한 양식을 입력값으로 받고 또 출력값으로 제시하기 위해 진화를 거듭하고 있다. 일반인공지능(AGI, Artificial General Intelligence)을 실현하기 위해서다. 모든 거대언어모델 개발 기업들은 일반인공지능 개발을 목표로 하고 있다. 저마다 다른 정의를 통해 실현 시기를 앞당겨 제시하고 있는 데서 알 수 있듯, 일반인공지능은 거대언어모델의 최종 귀착점이라 할 수 있다. 소라는 텍스트 입력, 영상 출력 측면으로 거대언어모델이 일반인공지능을 향해 빠르게 진화하고 있다는 상징이라고도 할 수 있다.

이미 오픈AI는 GPT-4o 모델을 출시하면서 입력 양식을 텍스트에서 오디오와 이미지로 확장했다. 모바일 환경에서 입력 양식이 오디오와 이미지로 확장될 때 사용성은 높아지고 만족도도 배가되기 때문이다. 물론 쓸모도 늘어난다. 오디오를 입력값으로 허용하기 시작하면서 실시간 통역은 현실이 될 수 있었다. 통역 모드를 설정한 뒤 A 언어로 말하면 B 언어로 거의 실시간에 가깝게 통역해 준다. 이전까지는 음성이 입력되면 이를 텍스트로 변환한 뒤, 번역 과정을 진행하고, 이를 다시 텍스트-오디오로 전환하는 과정을 거쳤다. 따라서 통역을 위한 지연 시간 발생은 불가피했다. 하지만 오디오를 있는 그대로 입력값으로 받아 번역한 뒤 오디오로 재출력하는 게 가능해지면서 실시간 통역이 마침내 가능해졌다. 멀티모달의 한 단계 진화가 이 같은 큰 폭의 변화를 가져온 것이다. 만약 여기에 소라 모델까지 결합한다면, 오픈AI의 통합 거대언어모델 혹은 애플리케이션은 인간의 감각 절차와 더욱 가까워지게 된다. 일반인공지능으로 나아가기 위해 반드시 넘어야 할 산이 바로 멀티모달 입출력 방식인 셈이다.

확산 트랜스포머 모델의 등장

멀티모달 거대언어모델은 확산 모델(Diffusion Model)이라 불리는 알고리즘과 트랜스포머(Transformer) 모델이 결합하면서 새로운 전기를 맞게 됐다. 이를 확산 트랜스포머(Diffusion Transformer) 모델이라고 한다. 위에서 소개한 소라, 스테이블AI가 개발한 스테이블 디퓨전 3(Stable Diffusion 3) 모두 이 구조에서 탄생한 모델이다. 이 작동 방식을 이해하지 않으면 앞으로 진화 방향을 예측하거나 기회 요인을 찾아내는 데 어려움을 겪을 수 있다. 대표 논문을 바탕으로 간단한 설명을 여기에 덧붙이고자 한다(Peebles & Xie, 2023).

일반적으로 확산 모델은 정방향 프로세스(Forward Process)에서 실제 이미지에 노이즈를 추가하고, 역방향 과정에서는 이러한 노이즈를 되돌리는 방식으로 작동한다. 즉 하나의 이미지가 입력되면 여기에 여러 노이즈를 입혀 이미지를 찌그러뜨린다. 그러면서 동시에 반대 방향으로 이를 복원하는 절차를 진행한다. 이러한 과정을 학습하고 반복하면서 이미지를 생성하는 방법을 추론하는 것이다. 하지만 텍스트를 입력해 이미지나 영상을 만들어 내려면 여기에 몇 가지 과정이 덧붙는다. 대표적으로 텍스트와 이미지 혹은 텍스트와 영상이 쌍을 이룬 데이터를 학습하는 과정이다. 학습한 이미지를 잘 대변하는 캡션 데이터를 함께 학습시켜야 텍스트 명령에 대응할 수 있어서다. 이 사이에 트랜스포머 모델이 확장성을 강화하는 데 기여한다.

소라의 경우, 모든 동영상에 설명력이 높은 캡션을 생성해 학습에 활용했다. 쉽게 말하자면, 모든 소라 학습에 사용된 동영상에 자체 개발한 캡션 생성 모델을 활용, 캡션을 일일이 붙였다. 캡션-동영상이 쌍으로 연결된 데이터를 다시 학습시켜 소라라는 고품질 영상 생성 모델을 탄생시킨 것이다. 이는 한편으로는 스타트업이 어떤 고유 데이터를 확보하고 있을 때 유리한가를 시사하기도 한다. 개별 동영상을 가장 잘 표현하는 캡션 데이터와 고품질의 영상 데이터를 함께 보유하고 있을 때 더 나은 품질의 자체 수정 모델을 만들 수 있다고 해석할 수 있다.

멀티모달 거대언어모델의 활용 방안

스타트업들은 멀티모달 거대언어모델의 진화 과정을 세

밀하게 모니터링할 필요가 있다. 이미 확인됐다시피 기존 거대언어모델이 업데이트될 때마다 스타트업 수십 개가 사라지고 또 새로운 수십 개가 등장한다. 기반 모델을 보유하고 있지 못한 AI 애플리케이션 스타트업들의 숙명이라고 할 수 있다. 예를 들어 기존 거대언어모델을 기반으로 통역, 문법 교정 서비스를 만들었던 스타트업들은 GPT-4o 출시로 사실상 설 자리를 잃게 됐다. 다른 한편으로는 더 향상된 모델을 이용해 새롭게 서비스를 내놓는 곳들이 함께 늘어나기도 했다. 멀티모달은 이보다 더 큰 진동을 만들어 내며 스타트업 생태계를 휘감을 수도 있다.

먼저 전문성이 더 깊어져야 한다. 그것이 멀티모달 거대언어모델 업그레이드 여파를 최소화하기 위한 스타트업의 제1 생존 조건이다. 이를테면, 단순히 이미지를 입력받아 영상을 제작해 주는 기술로는 생존하기 어렵다. 하지만 특정 산업 영역의 전문성을 바탕으로 그들의 고충을 해결해 줄 수 있는 영상 생성 서비스를 만든다면 문제는 달라진다. 분야마다 필요로 하는 영상, 이미지, 오디오는 양식에서부터 디테일까지 천차만별이다. 각 분야의 디테일을 맞춤형으로 제공할 수 있도록 설계를 개선한다면 얼마든지 생존할 기회가 만들어진다. 드라마의 삽입, 배경 영상을 제작하는 용도와 콘텐츠 마케팅을 위해 생성하는 용도는 전혀 다른 시장이며 요구되는 디테일과 깊이도 차이가 있을 수밖에 없다. 전문성을 바탕으로 기존 모델을 조정하면 얼마든지 새 기회가 열릴 수 있다.

또 한 가지는 자체 데이터의 확보다. 모든 거대언어모델은 보편적 용도로 설계되고 출시된다. 더 많은 사용자와 고객을 확보하기 위한 자연스러운 선택이다. 특화된 용도는 이 모델을 기반으로 재설계하는 제3자 스타트업들의 몫이다. 각 분야에 특화된 서비스를 제작하기 위해서는 자신이 보유한 데이터로 추가 학습을 시키거나 변형할 필요가 있다. 기존 모델이 학습한 데이터에만 의존할 경우 변형의 정도는 낮을 수 있으며 이 한계로 인해 기존 모델 업그레이드에 의해 쉽게 대체될 수도 있다. 따라서 자신의 분야에서 축적한 저작권 염려 없는 데이터를 확보하고 있어야만 시장의 빠른 변화에 대응할 수가 있다. 이 두 가지는 생존을 위해 반드시 염두에 둘 필요가 있다.

참고문헌

Peebles, W., & Xie, S.(2023). Scalable diffusion models with transformers. In *Proceedings of the IEEE/CVF International Conference on Computer Vision*(pp. 4195-4205).

https://openai.com/index/hello-gpt-4o/

https://openai.com/index/sora/

https://openai.com/index/video-generation-models-as-world-simulators/

https://stability.ai/news/stable-diffusion-3

https://stibee.com/api/v1.0/emails/share/pWS7rQgZifPxwoIXL6UhOm0yJ7upHag

04
AI 에이전트

AI 에이전트는 주어진 환경을 이해하고 자율적으로 의사결정하며 목표를 달성하는 일련의 시스템으로 정의된다. 이 개념은 새롭지 않지만, 거대언어모델과 결합하면서 현실적인 실체로 다가오고 있다. 앤드류 응 교수는 "2024년에는 AI 에이전트 워크플로가 차세대 모델보다 더 큰 발전을 이끌 것"이라고 언급했으며, 안드레이 카르파티 오픈AI 공동창업자는 여러 자율적인 에이전트들이 협력하는 방향으로 나아가고 있다고 강조했다. 이는 AI 에이전트가 인공지능의 다음 진화 단계로 주목받고 있음을 의미한다.

AI와 사주?

데빈에이아이와 AI 에이전트

2024년 3월. 데빈에이아이(Devin AI)라는 AI 기반 도구가 처음으로 세상에 알려졌을 때 많은 이들이 '개발자라는 직업의 소멸'을 얘기했다. 인터랙티브 게임의 코드를 전부 작성하는 데 그치지 않고, 버그를 잡아 주고, 심지어 AI의 학습을 자동적으로 수행하는 역할도 성공적으로 해냈기 때문이다. 소프트웨어 개발에 필요한 A부터 Z까지 모든 작업을 스스로 기획하고 결정하며 결과물까지 내놓았다. 누군가에겐 공포로, 누군가에겐 기술 혁명으로 인식되기도 했다. AI 에이전트(AI Agent)가 불러올 새로운 AI 기술 혁신 시대를 데빈에이아이는 상징적으로 보여 줬다.

AI 에이전트는 주어진 환경을 이해하면서 자율적으로 의사결정하고 목표를 이뤄 가는 일련의 AI 시스템으로 정의된다. 사실 에이전트라는 개념이나 아이디어 자체는 새로운 것이 아니다. 다만 그것이 거대언어모델과 결합하면서 보다 현실적인 실체로 우리에게 다가오기 시작했다고 보는 것이 맞다. 목표를 달성하기 위해 스스로 판단하고 행동하는 기계적 수단. 인류가 그려왔던 에이전트가 서서히 눈앞에 펼쳐지고 있는 것이다.

AI 에이전트로 향하는 AI

앤드류 응(Andrew Ng) 스탠포드대 교수는 "2024년 올해 AI 에이전트 워크플로가 차세대 기반 모델보다 더 큰 AI 발전을 이끌 것이다. 이는 중요한 트렌드이며, AI 분야에서 일하는 모든 사람이 이에 주목할 것을 촉구한다"고 언급했다. 안드레이 카르파티(Andrej Karpathy) 오픈AI 공동창업자 또한 AI 분야가 단일 에이전트가 아닌, 여러 자율적인 에이전트들이 협력하는 방향으로 나아가고 있다고 강조한 바 있다. 그만큼 AI 에이전트는 인공지능의 다음 진화 방향으로 각광을 받고 있는 것이다.

AI 에이전트가 인공지능의 미래로 언급되는 이유는 그것의 특별한 장점 때문이다. 특히 정확성과 의사결정의 자율성에서 일반 거대언어모델보다 탁월한 성능을 발휘한다. 우선 정확성부터 살펴보자. 앤드류 응에 따르면 코드작성에서 GPT-3.5 모델은 48.1%의 정답률을, GPT-4 모델은 67.0%의 정답률을 보여 줬다. 하지만 에이전트 워크플로를 통합하면 GPT-3.5는 최대 95.1%의 정답률을 달성하게 된다. 더 낮은 버전의 거대언어모델임에도 더 높은 정확도를 만들어 낼 수 있게 되는 것이다. 그뿐만 아니라 다양한 거대언어모델의 장점을 살려 의사결정을 위임하는 것도 어렵지 않게 통합할 수 있다.

이로 인해 의사결정 단계마다 인간이 개입해야 하는 수고를 덜어 줄 수가 있게 된다.

이러한 장점은 거대언어모델과 RAG의 정적인 작동 방식의 단점을 극복하는 데 도움을 줄 수 있다. 거대언어모델과 RAG는 주어진 요청에 단편적으로 결과를 제시하는 데 그치고 있다. 더 향상된 결과물을 얻기 위해서는 다음 버전의 등장을 기다려야 한다. 외부 환경이나 사용자 개인정보와의 상호작용도 제한적이다. 예를 들어 보자. 기본적으로 거대언어모델과 RAG는 사용자의 과거 히스토리를 기억하지 않는다. 이를 위한 메모리가 없거나 작기 때문이다. 작업을 지시하는 사용자의 변화하는 특징을 이해하기 위해서는 사용자의 선호를 추론할 수 있는 데이터를 지속적으로 분석하고 파악해야 한다. 시간이 지나면서 선호는 변화할 수도 있기에 꾸준한 모니터링과 학습이 필수적이다. 별도의 저장용 메모리가 장착되지 않으면 이 작업을 진행할 수가 없다. 그뿐만 아니라 수시로 변경되는 외부의 환경도 적절히 감안해야 한다. 여행지 추천을 받고 예약을 하려면 해당 지역 해당 일시의 날씨 정보를 수집하고 예측할 수도 있어야 한다. 비가 오는 날에 적합한 여행지를 제안하기 위해서라도 그렇다. 이를 반응성이라고 한다. 이처럼 AI 에이전트는 하나의 목표를 달성하기 위해 여러 개의 하위 작업들을 구분하고 이를 다시 연결해 통합하는 AI 기반 시스템이라고 할 수 있다.

거대언어모델과 RAG, AI 에이전트의 차이

AI 에이전트를 이해하기 위해서는 사례를 통해 거대언어모델과 RAG를 비교해 보는 것이 도움이 된다. 현재 주어진 과제가 '일본 여행을 위해 항공편을 예약하기'라고 가정해 보자. 거대언어모델을 사용하면, 학습된 데이터 시점까지의 일본 여행지 추천을 받거나 최적의 항공편을 제안받는 수준에 그치게 된다. 그 이상의 역할을 수행하기는 어렵다. RAG를 이용하면 최근 정보까지 업데이트된 가장 정확한 정보를 얻을 수는 있다. 하지만 항공편 예약은 인간의 몫이다. AI 에이전트는 이 모든 일련의 과정을 한 번에 처리해 준다. 거대언어모델과 RAG를 이용해 최신의 정확한 여행지 정보를 우선 확인하고, 이를 바탕으로 항공권 예약까지 처리해 준다. 만약 요청자의 개인 선호 정보까지 제공한다면 맞춤형 일본 여행지 코스와 예약, 캘린더 입력까지 완료할 수 있는 것이다.

이러한 차이는 기술 각각의 특징에서 비롯된다. 거대언어모델은 언어 이해 측면에서 훌륭한 성능을 발휘한다. 하지만 학습된 자료의 최신성에 취약하고 환각 위험이 존재한다. 자칫 없는 여행지를 추천해 줄 가능성도 있다. RAG를 이용하면, 이러한 거대언어모델의 약점을 해결하고 최신 정보를 찾아내 여행지와 예약 관련 사항을 파악할 수 있다. 거대언어모델의 약점을 보완해 주는 기능을 RAG가 수행할 수 있기 때문이다. 인간은 나아가 좀 더 편리한 개인 비서를 두길 기대한다. 이를 채워 주는 역할을 바로 AI 에이전트가 대신해 주는 논리다. AI 에이전트가 일종의 거대언어모델과 RAG 그리고 기타 소프트웨어의 묶음이자 절차여서다. 이쯤 되면 AI 에이전트가 대략 어떻게 구성되는지 짐작은 될 것이다. 좀 더 구체적으로 AI 에이전트의 구성 요소를 들여다보자.

AI 에이전트는 크게는 5가지 과정 혹은 기능으로 구축된다. 추론 엔진, 지식 창고, 도구의 통합, 데이터 수집, 사용자 인터페이스다. 추론 엔진은 말 그대로 추론이 가능한 거대언어모델을 말한다. 거대언어모델의 도움 없이는 AI 에이전트가 작동하지 못한다. 다만 AI 에이전트를 구축할 때엔 여러 거대언어모델을 함께 사용해 연결할 수 있다는 점을 유념해 둘 필요가 있다. 작업마다 더 나은 의사결정이나 추론을 할 수 있는 모델을 선택하는 것이 중요하다. 지식 창고는 해당 목표를 달성하기 위해

의지해야 할 지식 데이터베이스와 메모리를 의미한다. 여행지 정보와 예약이라고 한다면 그와 관련한 최신 정보가 모여 있는 지식 정보 창고 그리고 요청을 주문하는 사용자의 여러 개인정보가 저장되는 공간이다. 이를 통해 사용자가 선호하는 최적의 결과물을 스스로 판단해 제시해 준다. 여기에 여러 외부 도구들에 접속해 목표를 달성할 수 있도록 별도의 소프트웨어가 만들어져야 하며 이는 서로 연결돼 있어야 한다.

AI 에이전트와 스타트업의 기회

지금의 AI는 그야말로 초입 단계다. 거대언어모델이 가져온 거대한 변화의 시작점에 불과하다. 현재까지 관찰한 바를 들여다보면, 거대언어모델이 기반이 돼 정확도와 신뢰도를 향상시키고 복잡한 업무를 자율적으로 해결해 가는 방향으로 발전해 가고 있다. 더 좋은 블로그 포스팅을 생성해 주는 데 그치지 않고, 정확성을 재검토해 주고 나아가 자신이 운영 중인 블로그 사이트에 자동으로 게시해 뉴스레터까지 발송하는 작업을 사용자들은 기다리고 있다. 이러한 방향에 대한 경계와 비판이 제기되고는 있다. 특히 AI 에이전트가 고도화할수록 인간의 일자리를 대체하는 범위가 더 증가할 것이라는 전망도 있다. 의사결정의 자율성이 더 큰 윤리적 위험성을 초래할 수도 있다는 목소리도 있다. 하지만 그 발전 경로 자체가 바뀌지는 않을 것으로 예상된다. AI 에이전트는 이러한 경로에서 최근 들어 가장 부상하는 중간 지점 기술 중 하나라고 할 수 있다.

거대언어모델은 수많은 관련 AI 애플리케이션을 탄생시켰다. 프롬프트 엔지니어링은 AI 애플리케이션 개발에서 중요한 기술 영역 중 하나다. 하지만 프롬프트 엔지니어링이라는 차별적 기술력이 언제까지 평가받을 수 있을지는 명확하지 않다. 벌써부터 프롬프트 엔지니어링의 종말이라는 이야기가 회자될 정도다. 거대언어모델이 발전에 발전을 거듭하면서 프롬프트 엔지니어링 영역을 대체하고 있어서다. 결과적으로 스타트업이 생존하고, 차별화하며 더 큰 성장을 달성하기 위해서는 AI 에이전트라는 복잡하지만 사용자들이 기대하는 기술 방식을 수용할 필요가 있다. 여러 개의 AI 에이전트를 개발하고 이를 상호 협력시킴으로써 더 복잡한 과제를 해결하는 멀티 AI 에이전트를 개발하는 도전하는 자세가 필요하다. 그곳에서 새로운 비즈니스의 기회를 만나게 될 것이다.

높은 기술 복잡도는 문제 해결 과정에서 높은 차별화

를 수반한다. 사용자들을 만족시키는 정교하게 완성된 AI 에이전트는 스타트업이 평범한 AI 애플리케이션, 단일 AI 에이전트와 기술 격차를 벌리기에 좋은 소재이자 방향이다. AI 에이전트 개발로 복잡성을 해결하고 사용자들에게는 보다 편리한 경험을 제공하면 스타트업들은 더 높은 수준의 기술력을 갖추게 될 것이다.

참고문헌

Acar. O.(2023). AI Prompt Engineering Isn't the Future. Harvard Business Review.
https://hbr.org/2023/06/ai-prompt-engineering-isnt-the-future

Hingane. A.(2024). Why entire AI field is headed towards AI agents.
https://medium.com/@learn-simplified/why-entire-ai-field-is-headed-towards-ai-agents-a268ac9661ed

Piper. K.(2024). AI "agents" could do real work in the real world. That might not be a good thing. Vox.
https://www.vox.com/future-perfect/24114582/artificial-intelligence-agents-openai-chatgpt-microsoft-google-ai-safety-risk-anthropic-claude

https://preview.devin.ai/

https://twitter.com/AndrewYNg/status/1770897666702233815

https://www.cognition.ai/blog/introducing-devin

https://www.deeplearning.ai/the-batch/issue-241/

05
답변엔진

답변엔진으로의 전환은 링크 기반의 콘텐츠 유통 및 수익 모델에 큰 변화를 가져올 것으로 예상된다. 링크 클릭을 통한 트래픽 유입과 광고 수익 창출 방식이 위축될 가능성이 있으며, 이에 따라 SEO와 같은 마케팅 전략도 새로운 도전에 직면할 것이다. 반면, 스타트업들에게는 새로운 기술과 서비스 개발을 통해 시장에 진입할 수 있는 기회가 될 수 있다. 답변엔진 시대에 적합한 새로운 비즈니스 모델과 마케팅 전략이 중요해질 것으로 보인다.

AI와 아이돌?

검색 패러다임의 전환

2024년 5월 21일에 개최된 구글 마케팅 라이브(Google Marketing Live) 행사에서 구글의 최고 비즈니스 책임자인 필립 신들러(Philipp Schindler)가 "현재 우리는 사상 최대 규모의 혁신적 순간을 경험하고 있다"고 언급했다. 이는 인공지능 기술의 급속한 발전과 그것이 사회에 미치는 영향을 의미하는 것으로, 그는 인공지능의 새로운 시대를 언급하며 이 분야에서의 진보에 주목했다. 그보다 한 주 전 구글 I/O 행사에서 구글의 최고경영자 순다르 피차이(Sundar Pichai)가 참석해 인공지능을 활용한 검색 결과 페이지의 완전한 재설계를 발표했다. 이것은 'AI 개요(AI Overview)'라 명명되었으며, 생성 AI를 사용해 검색어에 대한 답변을 생성하는 방식이다. 이와 관련해 구글 검색 책임자인 리즈 리드(Liz Reid)는 "구글이 검색을 대신 해 준다(Google will do the Googling for you)"라고 설명함으로써, AI 개요가 사용자들에게 제공할 가치와 의미에 대해 강조했다.

이 같은 일련의 발표들은 구글이 어떻게 인공지능 기술을 전략적으로 활용하며 디지털 세계의 혁신을 선도하고 있는지를 보여 주는 동시에, 우리 일상 생활과 정보 접근 방식에 근본적인 변화가 일어나고 있음을 알리고 있다. 구글은 이러한 변화의 최전선에서 사용자 경험을 재정의하며, 인간과 기술 간의 상호작용을 새롭게 모색하고 있다. 이를 상징하는 핵심 키워드가 바로 답변엔진(Answer Engine)이다.

검색엔진과 답변엔진의 차이

답변엔진은 검색엔진의 진화된 버전이다. 차이를 명확하게 하기 위해 검색엔진의 역사를 잠시 살펴보자. 검색엔진은 1990년대부터 사용자들의 정보 탐색 수요를 만족시키고 대량의 정보를 빠른 시간 안에 제시하기 위해 단계적으로 발전해 왔다. 첫 번째 검색엔진 유형은 야후로 상징되는 디렉토리 검색이다. 디렉토리 검색은 정보를 사전에 정의된 분류 체계에 따라 구분해 수동으로 제안하는 방식이다. 인터넷 도입 초기 정보량이 비교적 적을 때 노동 집약적으로 구성된 검색 방식이라고 할 수 있다. 야후, 라이코스, 익사이트 등이 대표적인 디렉토리 검색엔진 사례다. 하지만 인터넷에 등록되는 웹사이트 수가 기하급수적으로 증가하면서 이러한 유형의 검색엔진은 더이상 유효하지 않게 됐다. 그래서 등장한 2세대 검색엔진이 알고리즘 기반 검색이다.

알고리즘 기반 검색엔진은 구글이 1996년 문을 열어

젖혔다. 페이지랭크라는 혁신적인 알고리즘 아이디어로 빠르게 검색엔진 시장을 평정해 갔다. 웹 문서를 자동으로 긁어 와 색인하는 과정부터 각각의 문서에 순위를 매기는 방식까지 모두가 자동화되는 순간이었다. 세상의 모든 정보를 조직해 접근 가능하고 유용하게 제공하겠다는 그들의 비전을 실현하는 데 부족함이 없는 검색엔진 방식이었다. 하지만 이러한 검색엔진 패러다임도 곧 새로운 전기를 맞게 된다. 모바일 시대로 넘어가면서 '개인화'의 필요가 강력해지면서다. 이때 등장한 3세대 검색엔진이 '개인화 검색엔진'이다. 기존 페이지랭크와 같은 알고리즘 방식에 머신러닝 기술이 더해지면서 사용자 개개인의 선호와 필요에 맞는 검색 결과가 제공되기 시작했다. 맞춤 검색이라고도 불렀다. 동일한 검색 키워드를 입력하더라도 개개인의 성향과 검색 이력에 따라 다른 결과가 나타난 것은 이들 3세대 검색엔진 덕이었다. 구글이 주도하긴 했지만 마이크로소프트의 빙이나 야후도 이 방식을 채택했다. 하지만 사용자들의 높아진 기대를 완벽하게 채워 주진 못했다.

기본적으로 검색은 개별 사용자들이 필요로 하는 정보를 정확하고 신속하게, 가장 신뢰할 수 있는 결과물로 보여 주는 것이 핵심이다. 검색엔진의 진화 방향도 이 궤도를 따라왔다. 정확, 신속, 신뢰라는 3가지 키워드는 항상 검색엔진을 따라다니는 과제와도 같았다. 현재까지의 검색엔진은 이 3가지 키워드를 실현하기 위해 검색 문서의 링크를 결과물로 제시했다. 즉 가장 빠르게 정확하고 신뢰할 수 있는 정보를 해당 문서의 링크 형태로 보여 준 것이다. 그것이 광고 수익이라는 수익 모델과 결합하면서 재무적 성장도 견인했다.

링크 제안 방식은 한 가지 고질적 문제가 있었다. 해당 문서 안에서 사용자들이 필요로 하는 정보를 다시금 찾아야 하는 '최종 탐색의 소요 시간' 문제다. 신속성에서 한계를 꾸준히 드러낸 것이다. 이를 해결하기 위해 구글은 답변 엔진의 초기 모델이라고 할 수 있는 추천 스니펫(Featured Snippet)을 2013년을 전후해 개발해 냈다. 쉽게 설명하자면, "A라는 대통령의 나이?"라고 검색창에 입력하면 "53세"라고 짧은 답변을 링크와 함께 검색 결과 페이지 가장 상단에 표시해 주는 방식이다. 답변엔진의 원형이라고 할 수 있다. 이 방식은 꾸준히 개선이 되긴 했지만 관련 문서의 해당 영역을 인용하는 수준을 넘어서지는 못했다. 최적의 답변 생성으로까지는 나아가지 못한 것이다. 그러다 생성 AI가 기술적 고도화를 거듭하면서 답변엔진의 단계로 넘어갈 수 있게 됐다.

답변엔진은 사용자가 자연어로 질문을 하면 그 답을 완성된 문장으로 근거가 되는 문서와 함께 제안해 주는 방식이다. 가장 신뢰할 수 있는 문서의 상위 링크를 배열하는 방식에서 벗어나 곧바로 사용자들이 원하는 질문에 완성된 정보를 문장 형태로 대신해 주는 검색 방식이다. 따지면 4세대 검색엔진이다. 구글이 초기 모형을 먼저 선보였지만 오픈AI 출신이 설립한 퍼플렉시티가 보편화시켰다. 구글도 부랴부랴 AI 개요(AI Overviews)라는 이름으로 서비스를 시작했다. 국내에선 네이버가 큐:(CUE:)라는 이름으로 답변엔진 서비스를 개시한 바 있다.

답변 엔진으로의 패러다임 변화와 링크 이코노미의 종언

답변엔진으로의 전환은 콘텐츠 유통 질서의 지각변동을 의미한다. 가장 적합한 링크를 검색 결과에 제시하며 해당 웹사이트로 이동시켜 왔던 검색엔진의 과거 관행을 송두리째 바꿀 수 있는 혁명적인 변화를 상징한다.

기존 검색엔진은 가장 신뢰할 수 있는 웹사이트의 문서를 빠르게 찾아내 해당 링크로 사용자를 인도했다. 사용자는 그 링크를 클릭해 원하는 정보를 얻어 갔다. 링크 방식의 검색 결과 방식은 디지털 광고 시장을 성장시키는 데 상당한 역할을 했다. 검색 결과 상위에 노출이 되기만 하면 대량의 트래픽을 얻을 수 있었고, 이를 통해 광고 수익도 창출할 수 있었다. 이 과정에서 검색엔진 최적화(SEO)라는 마케팅 비즈니스가 싹텄다. 검색엔진 최적화를 위한 콘텐츠 및 기술 방법론을 알려 주고 수익을 만들어 내는 일종의 기술 및 마케팅 컨설팅 비즈니스 영역이다. 전체 검색 산업에서 상당한 비중을 차지할 정도였다. 하지만 답변엔진이 활성화되면 이 질서에 근본적인 변화는 불가피하다.

답변엔진은 우선 링크를 통해 트래픽을 나눠 주는 형식과는 일정 수준 거리를 둔다. 링크를 통해 콘텐츠 웹사이트로 안내하는 방식을 완전히 제거하지는 않지만 이전과 비교하면 상당히 줄인다. 링크가 전체 검색결과 페이지에서 차지하는 비중이 상대적으로 적다. 사용자들은 답변엔진에서 필요로 하는 정보를 AI가 생성해 준 답변으로 대부분 소화할 수 있기에 링크를 타고 해당 웹사이트로 넘어갈 유인이 별로 없다. 검색엔진에서 유입된 트래픽으로 광고 수익을 창출하던 콘텐츠 사이트들은 답변엔진의 시대엔 지속 가능성의 위기를 맞을 수밖에 없다. 제프 자비스(Jeff Jarvis)가 2008년 조어했던 '링크

경제(Link Economy)'의 종언을 상징하는 검색엔진 패러다임의 전환인 셈이다. 검색엔진 최적화라는 비즈니스 영역도 위축될 수밖에 없기에 산업 전체에 미치는 영향이 상당하다. BBC의 보도에 따르면 구글이 답변엔진으로 전환할 경우 일부 웹사이트의 트래픽은 최대 80%까지 떨어질 것으로 나타났다. 콘텐츠와 인터넷의 산업 질서나 수익 모델이 근본적으로 변화할 수 있다는 걸 시사한다.

답변엔진으로의 전환은 스타트업 입장에선 기회이자 위기 요인이다. 마케팅 비용이 획기적으로 증가할 수 있다는 측면에서 위기 요인이지만, 답변엔진에 최적화하는 새로운 기술의 등장이 예견된다는 측면에서 기회 요인이다. 답변엔진에 제시하는 몇 안 되는 링크에 포함되기 위해 많은 웹사이트 관리자들은 비용을 지출하고 또 기술을 개발할 것이다. 트래픽 기반의 광고 수익에 과도하게 의존해 왔던 웹사이트는 생존의 위기에 봉착할 수도 있을 것이다. 이들을 돕고 지원하는 새로운 기술과 마케팅 산업이 자연스럽게 뒤따를 것이다. 스타트업은 이러한 기회 요인을 적극 활용해 새로운 비즈니스 기회를 포착할 필요가 있다.

물론 답변엔진 그 자체도 하나의 기회라고 할 수 있다.

늘 새로운 지배적 기술의 등장은 새로운 플레이어의 진입을 초기에 허락해 왔다. 약간의 과장을 더하자면 네이버도 이 시장에선 스타트업과 동등한 초기 진입자다. 스타트업 입장에서 대형 빅테크들과의 경쟁에서 조금 벗어나 틈새 영역을 대상으로 한 답변엔진 개발을 모색해 볼 수도 있다. 이미 많은 콘텐츠 사업자들이 자체 틈새형 답변엔진을 개발해 자사 사이트에서 실험하고 있다. 독일의 빌트라는 언론사는 '헤이'라는 답변엔진을 개발해 일정한 성과를 내기도 했다. 답변엔진으로의 패러다임 전환 과정에서 새로운 기회를 만들어 낸 사례라고 할 수 있다. 물론 이를 위해서는 저작권으로부터 자유로운 콘텐츠를 대량으로 확보해야 하는 과제가 뒤따른다. 신뢰할 수 있는 대량의 콘텐츠를 보유한 기업이 유리할 수밖에 없는 질서다. 이 제약 조건을 극복할 수 있는 다양한 아이디어를 통해 스타트업들은 새로운 모멘텀을 창출할 수 있을 것이다.

참고문헌

Gabe. G.(2015). How To Find Google Featured Snippets Using SEMrush And Google Search Console (GSC). Search Engine Land.
https://searchengineland.com/find-google-featured-snipp

ets-using-semrush-google-search-console-gsc-225176
Germain. T.(2024). Google just updated its algorithm. The Internet will never be the same. BBC. https://www.bbc.com/future/article/20240524-how-googles-new-algorithm-will-shape-your-internet
Jarvis. J.(2008). The imperatives of the link economy. BuzzMachine. https://buzzmachine.com/2008/07/28/the-imperatives-of-the-link-economy/
https://en.wikipedia.org/wiki/Google_Search
https://hey.bild.de/
https://www.searchenginewatch.com/2018/02/07/the-rise-of-answer-engine-optimization-why-voice-search-matters/?amp=1
https://www.youtube.com/live/feezAE_YAmc
https://www.youtube.com/live/XEzRZ35urlk

06
거대언어모델과 콘텐츠의 저작권

생성된 콘텐츠의 저작권을 둘러싼 이견은 지금도 지속되고 있다. 생성 결과물의 저작권에 대한 여러 이슈를 열거하고 스타트업 비즈니스에 영향을 미칠 만한 저작권 요소를 살펴본다.

AI와 야구?

AI의 기억력과 구토

인간과 달리 기억은 AI엔 위험한 능력이다. 자칫 학습했던 자료의 원본을 그대로 토해 낼 수 있어서다. 이를 역류 현상이라 한다. 기억력과 역류는 모든 거대언어모델 개발자들의 골칫거리다. 당장 원본을 기억해 뱉어 내기라도 하면 저작권 침해 시비에 휘말릴 수 있다. 개인정보 유출에 악용될 수도 있다. 심지어 구토를 유발하도록 꾀어 내는 기술도 정교화하고 있어 고민은 더 깊어지는 중이다. 그래서 기억력을 효율화하거나 예측 가능케 하면서 학습력을 키우는 작업은 중차대한 과제가 되어 왔다. 블랙박스와 같은 거대언어모델의 특성상 그것의 기억 발휘 시점과 범위를 정확히 감지하는 건 쉽지 않다. 많은 연구자들이 이 메커니즘을 규명하기 위해 노력 중이지만 용빼는 해법은 아직 발견되지 못했다. 학습 데이터 샘플 안에 동일 문장, 동일 이미지가 여러 건 포함돼 있을 경우 기억력이 출현한다는 정도만 파악한 수준이다. 문제는 거대언어모델이 더 인간에 가까운 능력을 갖추려 하면 할수록 적절한 기억력이 필요하고 이로 인한 역류 위험은 높아진다는 사실이다.

뉴욕타임스는 이 거대언어모델의 위험한 기억력을 근거로 저작권 침해 소송을 제기했다. 지난해 12월 공개된 뉴욕타임스의 오픈AI 소송장을 보면, 원본의 표절 수준이 꽤나 심각하다는 걸 확인할 수 있다. 예를 들어 2019년 보도된 뉴욕타임스의 퓰리처상 기사 '뉴욕시 택시 업계의 약탈적 대출 시리즈'의 경우 GPT-4가 동일 문장을 상당 부분 베낀 것으로 파악됐다. 여기에 그치지 않았다. 거대언어모델의 치명적 약점인 환각 현상과 결합되면서, 뉴욕타임스가 보도하지도 않은 사실을 답변에 추가해 놓기도 했다. 표절에 이미지 훼손이 더해진 셈이다. 물론 뉴욕타임스가 소송 근거 마련을 위해 프롬프트문을 유도한 것이라는 비판도 있지만, 표절 사실 자체를 부인하기 어렵다. 출시된 이미지 생성 모델 가운데 가장 정교하다고 평가받는 미드저니도 마찬가지다. 미드저니의 최신 모델인 V6는 글로벌 영화사들이 제작한 인기 영화들의 핵심 장면을 기억을 통해 그대로 재현해 냈다. 어벤져스-인피니티 워, 헝거 게임, 다크나이트, 심슨 시리즈에 이르기까지 특정 장면을 출력해 달라는 요청에 거름 장치 없이 그대로 뱉어 냈다.

거대언어모델 개발사도 할 말이 없는 건 아니다. 이러한 원본 구토 현상은 '희소한 버그'일 뿐이며 이를 없애기 위해 부단히 노력 중이라고 반박한다. 특히 오픈AI는 최근 공식 블로그를 통해 "의도적으로 모델을 조작해 역류

하도록 하는 것은 적절한 기술 사용이 아니며 사용 약관을 위배한 것"이라고 불쾌감을 드러내기까지 했다.

기계를 위한 공정 이용과 공정 학습

소송을 검토하겠다는 언론사들의 태도는 현 시점에 몇 가지 중요한 질문을 던지고 있다. 뉴스 데이터를 허락을 받지 않은 채 기계를 위한 학습(machine learning)에 활용하는 것이 '공정이용(fair use)'에 해당하는가, 특히 유료 장벽 뒤에 감춰진 뉴스 데이터도 공정 이용의 범위에 포함될 수 있는가 등이다. 특히 이들 언론사의 태도와 입장은 이후 국내 AI 스타트업들에게도 미칠 파장이 만만치 않다. 미국 언론들과는 사정과 유형이 다르긴 하지만 네이버의 하이퍼클로바와 언론사 간의 관계 변화에 의미 있는 시사점을 제공할 수도 있어서다.

현재 미국 언론사들이 챗지피티의 개발사 오픈AI를 대상으로 소송을 검토하는 근거는 저작권 위반인 것처럼 보일 수 있다. 하지만 자세히 들여다보면 자체 이용 약관 위배에 가까이 있다. 뉴스의 학습 데이터 활용이 공정 이용의 범위에 포함될 확률이 높다. 현행 미국 저작권법 107조는 공정 이용의 범위로 비판 · 평론 · 뉴스보도 · 교육 · 학문 · 연구(criticism, comment, news reporting, teaching-including multiple copies for classroom use, scholarship, or research)를 규정하고 있다. 그리고 다음 4가지 요소를 고려해 공정 이용 여부를 판단한다(송재섭, 2012).

제1요소: 원저작물 이용의 목적과 성격(the purpose and character of the use)

제2요소: 원저작물의 성격(the nature of the copyrighted work)

제3요소: 이용된 부분의 양과 중요성(the amount and substantiality of the portion used)

제4요소: 원저작물의 잠재적 시장 또는 가치에 미치는 영향(the effect of the use upon the potential market for or value of the copyrighted work)

현재 오픈AI 쪽은 내부 법률 검토를 거쳐 챗지피티가 저작권이 있는 언론사 뉴스를 학습하는 작업이 공정 이용에 해당한다는 해석을 내놓고 있다. 위 4가지 요소에 근거했을 때 뉴스의 학습 데이터 활용이 공정 이용 범주에 포함된다는 것이다. 무엇보다 비표현 매개적 복제(non-expressive intermediate copying)라는 명분으로 공정 이용임을 주장하고 있다. 오픈AI 쪽의 해석에서 확인할 수 있듯, 미국 저작권법상 뉴스를 학습 데이터로 활용하는 것이 저작권 위반에 해당한다고 보기엔 여러 논란의 여지가 존재한다. 위키피디아를 운영하는 위키미디어 쪽의 입장도 모호하긴 하나 이러한 큰 원칙에서 벗어나진 않는다. AI 학습의 특정 사례에 대해서는 사실관계에 대한 구체적인 조사가 필요하지만, 여러 저작물의 처리를 다루는 기존 법률이 이러한 문제에 직접 적용될 수 있다는 것이다.

이들의 근거를 뒷받침하는 또다른 접근법도 힘을 얻고 있다. '공정 학습(fair learning)'이라는 새로운 개념으로, 학습 데이터로서 뉴스의 이용을 공정 이용의 범주로 보고 허용해야 한다는 의견이다(Lemley & Casey, 2020). 공정학습은 머신러닝의 특성상 방대한 데이터를 기계가 학습했을 때 오히려 인간이 창의적으로 활용할 수 있다는 근거를 내세우고 있다.

> 머신러닝을 위해서는 엄청난 양의 저작권이 있는 자료를 복사해야 한다. 이러한 복사는 일반적으로 허용되어야 한다. 대부분의 머신러닝 시스템은 저작권법이 보호하는 표현을 소비하기 위해 저작물을 복사하는 것이 아니라 대중에게 제

공하는 사실이나 구조에 접근하기 위해 저작물을 복사한다. 이를 공정 학습으로 이해하면 법의 간섭 없이 머신러닝(ML) 시스템을 학습시킬 수 있다.

공정 학습은 공정 이용이 기계에 의한 저작물 이용을 구체적으로 명시하지 않고 있기에 발생할 수 있는 문제를 해결하기 위해 고안된 개념이다. AI의 학습 데이터가 저작물의 획득이 아니라 저작물에 대한 접근이므로 개별 저작물의 창작을 방해하지 않는 한 포괄적으로 허용될 필요가 있다고 강조한다. 이를 위해 인풋(학습을 위한 데이터)과 아웃풋(학습의 결과로 제시된 기계 창작물)을 명확히 구분하고 있다. 학습 데이터는 인풋에 해당하고 그것이 팩트나 문장 구조의 접근을 위해 복사하는 것이기에 공정 이용의 범위를 크게 벗어나지 않는다는 것이다. 전반적으로 공정 이용의 개념이든 공정 학습의 접근법이든 언어모델이 뉴스를 학습 데이터로 사용하는 데 대한 저작권 위반의 가능성은 낮게 보는 것이 현재까지의 해석이라 할 수 있다. 다만 아웃풋 즉 생성될 결과물이 원저작물과 유사할 경우 저작권 위반 소지는 상당히 높아진다. 실제로 그런 사례들이 확인되고 있다는 점도 주목할 필요가 있다.

'정보 풍요의 역설' : 더 나은 데이터의 희소 가치 증가

일반적으로 정확하고 매끄러운 언어 혹은 텍스트 생성은 더 높은 품질의 데이터를 대량으로 학습할 때 가능해진다. 현재 제기되고 있는 챗지피티의 정확성과 신뢰도 논쟁도 이러한 관점에서 볼 필요가 있다. 편향(bias)으로 가득찬 저품질 데이터(Bad data set)를 배제한다고 하더라도 높은 품질의 데이터를 확보하지 못하면 결과물은 어색하거나 부정확할 수 있다. 물론 오픈AI는 GPT-4 모델에선 이 문제를 상당 부분 해결했다고 강조한다. 그럼에도 무결한 상황까진 이르지 못했다.

이 지점에서 생성 AI와 저널리즘이 연결된다. 앞으로 신뢰할 수 있는 품질 높은 콘텐츠는 희소 가치를 지닐 수밖에 없다. '정보 풍요의 역설'인 셈이다. 인터넷이라는 공간에 널리 축적되고 있는 것이 정보이자 데이터이지만, 정확하고 신뢰할 수 있으며 품질이 높은 언어 데이터는 갈수록 희소해지고 있다. '생성 AI 혁명'이 아이폰의 등장에 비교될 정도로 확산 속도가 빨라지는 지금, 이러한 고품질 데이터는 더더욱 가치가 높아질 수밖에 없다.

고품질 언어 데이터를 생산하는 역할은 당분간 높은

저널리즘 품질을 자랑하는 언론사가 담당할 가능성이 높다. 보도자료 수준의 기사나 유튜브를 보고 쓰는 기사, 페이스북에 올린 글을 긁어 와 재가공하는 기사는 더 이상 희소 가치를 지니기 어렵다. 결과적으로 고품질 저널리즘을 지속적으로 꾸준하게 양산해 온 언론사는 이들 생성 AI 개발 기업과 유리한 입장에서 협상을 진행할 수 있다. 특히 이 고품질 저널리즘 콘텐츠를 페이월 뒤에 감춰 두고 있는 언론사라면 법리적 위험을 제거하기 위해서라도 오픈AI 같은 기업들과 별도의 보상 협약을 체결할 수도 있다. 그간 구글이나 페이스북이 항상 고품질 저널리즘을 지향하는 언론사들과 우선적으로 협상하고 지원금을 지불한 사례가 있다. 그들이 고품질 저널리즘을 지속적으로 유지할 수 있도록 하기 위해서라도, 그래서 고품질 데이터를 공급받기 위해서라도 그들은 그만큼의 대가를 지불할 것이다.

이는 고품질 저널리즘을 생산해 온 소수의 언론사들에게 고품질 뉴스 데이터가 새로운 수익원으로 부상할 가능성을 보여 준다. 아직은 그 규모를 가늠하기 어렵지만, 학습 데이터에 이용한 대가 혹은 다른 명분으로 이들에게 고품질 저널리즘 지원금을 내놓을 경우 그 규모는 작지 않을 것으로 예상된다. 생성 AI 혁명은 고품질 저널리즘에 대한 목마름을 강화할 수 있고, 고품질 저널리즘을 유인하는 새로운 요소로 작동할 수도 있다.

참고문헌

Lemley, M. A., & Casey, B.(2020). Fair learning. *Texas Law Review, 99*, 743.

https://www.copyright.gov/title17/92chap1.html

https://www.uspto.gov/sites/default/files/documents/OpenAI_RFC-84-FR-58141.pdf

07
파인튜닝 대 퓨샷러닝

스타트업은 자신의 니치 마켓에서 경쟁 우위를 점하기 위해 특화된 모델을 개발할 필요가 있다. 따라서 모델을 산업 특성에 맞게 조정하는 방법인 파인튜닝과 퓨샷러닝의 이해가 중요하다. 파인튜닝은 모델에 추가 데이터를 학습시켜 전문성을 높이고 퓨샷러닝은 추가 예시를 제공해 성능을 개선한다. 파인튜닝은 복잡하고 시간 및 데이터 집약적이지만 결과물의 정확도와 전문성 면에서 유리하다. 퓨샷러닝은 간편하고 유연하지만 고도의 정확성이 요구되는 작업에서는 한계가 있을 수 있다.

AI와 윤동주?

거대언어모델의 분야 전문성

모든 산업은 산업마다 특별한 전문적 특성을 지닌다. 범용 목적으로 설계된 거대언어모델은 웬만한 산업 영역 기본 지식을 학습한 상태이지만, 급변하는 환경에 빠르게 적응하지 못하는 한계가 존재한다. 콘텐츠나 마케팅 영역이든 법률이나 의료 영역이든 각 산업 영역의 특수성은 무시 못 할 정도로 빠르게 변화한다. 하지만 거대언어모델은 이러한 특수 산업 분야를 위해 별도로 설계되지 않기에 전문성 강화를 위한 별도의 작업이나 조치가 필연적으로 요구된다. 이미 학습한 방대한 데이터에 전문적 지식이 포함돼 있긴 하지만 이것만으로 부족하다. 특히나 '해자'를 만들어야 하는 스타트업 입장에선 자신의 틈새 산업 영역에 특화된 모델로 승부를 봐야 하는 경우가 많다. 상용으로 출시된 거대언어모델에만 의존할 경우 차별화된 경쟁력을 제시하지 못할 수도 있다. 따라서 자신의 산업 특성에 맞는 특화된 모델로 조정하기 위한 두 가지 접근법을 제대로 이해하는 것이 중요하다.

파인튜닝과 퓨샷러닝의 차이

출시된 거대언어모델을 자신의 틈새 영역에 맞게 재조정하는 방법은 크게 두 가지로 나뉜다. 미세 조정으로 해석되는 파인튜닝(Fine-Tuning)과 소수 학습으로 번역되는 퓨샷러닝(Few-Shot Learning)이다. 파인튜닝은 기존 거대언어모델에 분야 특화 데이터를 추가로 학습시킴으로써 전문성을 강화하는 방식이다. 예전과 달리 대부분의 거대언어모델 개발사들은 상당량의 데이터를 추가 학습시키는 파인튜닝 메뉴를 제공해 과금하고 있다. 이전에 비해 절차나 과정이 쉬워졌다. 요구하는 파일 포맷대로 업로드를 하면 파인튜닝 자체는 쉽게 진행된다. 파인튜닝은 기존 거대언어모델의 매개변수(parameter) 값을 바꾸는 과정이다. 이는 곧 새로운 하위 언어모델이 구축된다는 의미다. 생성 결과물이 어느 정도의 품질로 출력될지를 끊임없이 검증해야 하는 과제는 남는다. 또한 해당 분야에 특화된 양질의 데이터세트를 보유하고 있어야만 시도할 수 있다. 그렇다고 거대언어모델을 처음 학습시킬 때만큼의 대량의 데이터를 필요로 하지는 않는다.

반면 퓨샷러닝은 이보다 훨씬 간편하다. 퓨샷러닝은 기존 거대언어모델의 매개변수 값을 조정하지 않는다. 프롬프트상에서 추가적인 예시를 적시함으로써 성능 향상을 기대할 수 있다. 기존 거대언어모델의 성능에 조금 더 의존적이며 이와 연계된 프롬프트의 명확성에 따라 결과물의 품질이 달라질 수 있다. 파인튜닝이 적정 규모의 데이터세트를 필요로 한다면, 퓨샷러닝은 산업 분야에 특화된 모범적인 예시 몇 가지만 있어도 수행할 수 있다. 프롬프트 조정으로 수행하기 때문에 유연하고 빠르게 대처할 수도 있다.

두 방식의 쉬운 이해를 돕기 위해 앵무새의 학습 과정에 비유를 해 보자. 파인튜닝은 앵무새가 특정 분야 언어를 잘 따라하도록 하기 위해 전문 학교에 보내는 방식이다. 또는 이미 학사 과정을 마친 앵무새에게 특정 산업에 전문화된 석사 과정을 체계적으로 이수하도록 공부를 강제하는 방식이다. 반면 퓨샷러닝은 기존 학사 과정을 마친 앵무새에게 특정 분야 과외 선생님을 곁에 붙이는 접근법이다. 과외 선생님을 통해 그 분야 전문 용어를 배워서 전문적으로 보이도록 훈련시키는 교육 유형이라고 할 수 있다. 파인튜닝이 전문성 강화와 해자 측면에서 높은 장점이 있다. 그렇다고 모든 상황에서 파인튜닝 방식을 활용할 필요는 없다. 주어진 조건과 비용 등을 고려하는 것이 더 중요하다.

파인튜닝과 퓨샷러닝이 필요한 상황

우선 퓨샷러닝보다 파인튜닝이 필요한 상황은 두 가지

다. 우선은 새로운 전문 지식이 빠르게 등장한 경우다. 기존 거대언어모델이 새로운 전문 지식을 학습하지 못해 환각을 일으킬 확률이 높다면 파인튜닝을 고려해야 한다. 새로운 전문 지식 데이터를 주입시킴으로써 환각이나 정보 오류를 뱉어 낼 확률을 낮출 수 있다. 또한 정확도가 어느 영역보다 중요한 상황에서도 파인튜닝을 검토할 필요가 있다. 스타트업의 고객군은 천차만별이겠지만 B2B 비즈니스에 초점을 맞춘 사례라면 파인튜닝이 유리할 수 있다. 정확성은 제품에 대한 신뢰와 직결되기에 이를 담보하기 위한 파인튜닝은 사업의 존속성에도 중요하다.

전언했다시피 파인튜닝이 모든 상황에서 만능 해결책은 아니다. 상대적으로 복잡도가 높고 결과물 검증에 시간이 소요된다. 기존 매개변수 값을 조정하는 수준이기에 결과물이 기대한 대로 나올지는 직접 확인하고 테스트도 해야 한다. 정갈한 데이터 정제 작업이 선행되어야 할 수도 있어 상대적으로 더 많은 시간이 소요되고 기술 전문성도 필요하다. 하지만 성공적으로 작업이 완성되기만 한다면 스타트업 입장에선 경쟁사에 비해 유리한 고지를 점유할 수도 있다.

퓨샷러닝은 특정 산업 시장의 변동에 빠르고 유연하

게 대응할 때 자주 활용된다. 특히 단발성 프로젝트라면 파인튜닝보다는 퓨샷러닝을 검토하는 것이 훨씬 효율적이다. 일반적으로 퓨샷러닝은 기존 프롬프트에 모범 예시 사례를 입력하는 방식으로 구현한다. 간단한 프롬프트 엔지니어링 지식만 있다면 쉽게 시도해 볼 수 있다. 파인튜닝과 달리 기존 거대언어모델의 매개변수를 조정하지 않기에 기존 모델의 장점을 충분히 살릴 수도 있다. 하지만 고도의 정확성과 전문성이 요구되는 작업이나 프로젝트엔 다소 불확실성이 존재한다. 정교하게 재훈련된 파인튜닝 모델보다는 상대적으로 전문성이 취약할 수도 있다. 다시 강조하지만 대응 시간이 부족하고 빠듯할 때, 작업의 복잡도가 높지 않고 내부 기술 리소스로 부족할 때 퓨샷러닝으로 대신할 수 있다. 한 가지 유의할 점이 있다. 최근 발표된 논문들은 특정 조건에서 파인튜닝과 퓨샷러닝의 결과 차이가 생각보다 크지 않을 수 있다는 점을 지적한다.

파인튜닝과 퓨샷러닝의 비용 차이

가용할 자원이 부족한 스타트업에게 비용은 매우 중요한 요소다. 파인튜닝이냐 퓨샷러닝이냐를 선택할 때 이 요인을 고려하지 않으면 수익성을 확보하기가 어려워진다. 자신의 상황에 맞는 최적의 해법을 찾기 위해서라도 비용 요소는 진지하게 고려해야 한다. 여기서는 오픈AI의 모델을 바탕으로 파인튜닝과 퓨샷러닝의 비용을 추정해 보고자 한다.

현재 오픈AI는 파인튜닝이 가능한 거대언어모델을 3가지 제공하고 있다. 이 가운데 GPT-3.5 터보(turbo)가 가장 인기가 높은 편이다. GPT-3.5 터보를 기준으로 파인튜닝을 시도할 경우 학습, 입력, 출력 3가지에 비용이 부과된다. 추가로 학습할 데이터의 양이 많다면 고스란히 이 비용을 투자해야 한다. 파인튜닝을 위한 데이터 학습은 100만 토큰당 8달러로 비용이 다소 높은 편이다. 파인튜닝이 완성된 모델을 이용할 때에도 입력과 출력 비용은 기존 GPT-3.5 터보를 이용할 때보다 무려 6배(100만 토큰 기준 3달러 vs 0.5달러)나 비싸다. 전문성을 강화해 확실한 수익 모델을 구축해 놓지 않으면 자칫 적자만 누적될 수 있다. 반면 동일 모델로 퓨샷러닝을 활용하면 비용이 약 6분의 1로 줄어든다. 물론 프롬프트 안에 몇 개의 예시나 샘플이 포함되느냐에 따라 인풋 토큰이 늘어나 비용이 추가되긴 한다. 하지만 이는 파인튜닝에 비할 바는 아니다. 한 가지 확실한 사실은 퓨샷러닝이 비용 측면에서 이점이 많다는 것이다.

결과적으로 두 방법은 트레이드 오프의 관계라고 할 수 있다. 더 높은 전문성과 정확도를 제공하되 고객들로부터 비싼 가격을 받을 수 있다면 파인튜닝을 선택하는 것이 합리적이다. 하지만 지금처럼 AI 기반 애플리케이션의 비즈니스 모델이 불확실하고 기대 수익이 높지 않을 경우엔 퓨샷러닝 기법을 고도화하면서 대응하는 것이 스타트업 입장에선 유리할 수밖에 없다. 앞서 지적했듯 최근 들어선 다양한 기법들을 추가한 퓨샷러닝 기법이 제안되고 있기 때문에 프롬프트 엔지니어링에 대한 고도화를 통해 퓨샷러닝의 이점을 충분히 살리는 것도 하나의 대안이다.

참고문헌

https://openai.com/api/pricing/

08

거대언어모델의 취약점

거대언어모델은 여전히 장문이나 장시간 콘텐츠 생성에 취약하다. '헛소리' 생성이라 불리는 환각 현상도 여전하다. 이 취약점을 이해하고 부분적으로 해결할 수 있는 몇 가지 단초를 확인해 본다.

AI와 한의학?

거대언어모델의 한계 이해하기

거대언어모델은 화려한 능력만큼이나 치명적인 약점도 여럿이다. 거대언어모델을 활용해 직접 애플리케이션을 개발해 본 적이 있다면 거대언어모델이 기대만큼의 좋은 성능을 내도록 유도하는 게 결코 쉽지 않다는 걸 알 것이다. 이러한 경험을 겪어 보지 못한 이들이 '거대언어모델이 곧 인간의 모든 직무를 대체할 것'이라고 과장한다. 그것의 한계를 아직 이해하지 못하기 때문이다. 거대언어모델을 비즈니스 등에 활용하고자 하는 스타트업들은 적어도 아래 네 가지의 한계를 인식하는 데서 출발할 필요가 있다. 이러한 최소한의 취약점을 이해하지 않고 '과장된 기술 광고'에 휩싸여 만능 요술봉처럼 부리다가는 감당 못할 후폭풍에 휩싸일 수도 있다.

환각 혹은 헛소리

환각, 최근 들어서는 헛소리라고 부르는 한계는 이미 널리 알려진 취약점 중 하나다. 자신이 학습한 범위를 넘어선 답변을 요구할 때, 또는 지나치게 긴 문장을 서술할 것을 요구할 때 환각은 수시로 등장한다. 모델이 업그레이드되면서 환각 효과가 다소 줄어들긴 했지만 이는 근본적으로 해결하기가 쉽지는 않다. 학습한 데이터 없는 최신 지식을 물어보면 거대언어모델은 자신이 배운 범위 안에서 확률적 추론을 통해 말을 그럴듯하게 꾸며 내기에 그렇다. 영국 글래스고대학 연구팀은 "거대언어모델은 진실을 전달하기 위해 설계된 것이 아니라 사람처럼 보이는 텍스트를 생성하는 것이 목적이므로, 진실에 대해 무관심하다"라며 환각이 아니라 헛소리라고 부르는 것이 맞다고 주장한다. 자신이 거짓인지 진실인지 모르고 내뱉는 언어를 지칭하는 헛소리의 정의와 일치하기 때문이다.

일반적으로 환각은 내재적 환각과 외재적 환각 두 가지로 나뉜다. 내재적 환각이 자신이 학습한 원 소스와 모순되는 결과를 내놓는 유형이라면 외재적 환각은 원 소스 문서에서 확인할 수 없는 정보를 뱉어 내는 형태다. 두 유형 모두 정보를 소비하는 입장에선 위험할 수밖에 없다. 막상 환각 혹은 헛소리가 뒤섞인 생성물을 보다 보면 꽤나 괜찮아 보여서 현혹이 되기도 한다. 환각이 의료와 법률 콘텐츠에서 나타난다면 사회적으로 위험한 결과를 초래할 수도 있다. 그 정도로 환각은 심각한 문제이면서도 보편적인 한계라고 할 수 있다.

환각 효과를 최소화하기 위한 다양한 기술도 개발되고 있다. 특히 최신 지식의 부족으로 나타나는 환각은 앞선 챕터에서 설명한 RAG 기술로 어느 정도 보완이 되고 있다. 또한 프롬프트를 통해서 스스로 학습한 데이터의 범위를 넘어서는 경우 "모르겠습니다"라고 답변하라고 설정할 수도 있다.

부정확한 출처 인용과 생성

오픈AI가 뉴스 검색 서비스를 개발하면서 몇 가지 문제로 고전하고 있다는 사실이 보도된 적이 있다. 그중 하나가 정확한 출처 인용이다. 오픈AI는 검색 서비스를 제공하기 위해 전세계 유수의 언론사들과 계약을 체결해 왔다. 뉴스 콘텐츠를 얻는 대가로 검색 서비스에서 정확한 출처 링크를 제공하고 이에 대한 보상도 내놓는 방식이다. 하지만 검색 서비스의 정식 오픈이 더뎠다. 정확한 출처 인용에 애를 먹어서다. RAG 기술로 이 문제를 해결해 가고 있지만 간혹 출처의 URL마저 생성해 링크로 게시하기도 했다. 이처럼 거대언어모델은 아주 간단할 것으로 생각되는 출처 링크 제안을 무척이나 어려워한다. 학습 데이터의 출처를 기억할 수 있는 기능 자체가 없거나 부족해서다. RAG를 사용해서 완화하는 방안이 가장 현실적이긴 하지만 이조차도 종종 환각 효과로 인해 오류가 나기도 한다. 따라서 출처 링크조차도 마지막까지 확인하는 작업이 당분간은 필요하다.

장문 생성의 한계

거대언어모델이 추론을 통해 언어를 생성하는 과정에는 많은 컴퓨팅 자원이 들어간다. 생성은 추론에 기반해 작동하기에 그만큼 컴퓨터 파워의 소모가 높은 편이다. 생성에 소요되는 시간도 길어진다. 당연히 빠른 속도를 기대하는 사용자들을 만족시키기 어려워진다. 이로 인해 거대언어모델은 입력 문서와 달리 출력 문서가 훨씬 짧고 가격도 비싸다. 예를 들어 오픈AI GPT-4 터보 모델은 아웃풋 토큰 제한이 4096토큰인 반면, 최신 모델인 GPT-4o는 2048토큰이다. 아웃풋 토큰 제한이란 한 번에 생성할 수 있는 텍스트의 길이를 의미한다. 대체로 1토큰은 한글 0.8자 정도다. 성능이 가장 뛰어나면서도 가격이 낮다는 GPT-4o로 한글 텍스트를 생성하면 1600자를 넘기기 어렵다. 고품질의 장문 보고서 작성은 기대하면 안 된다. 의외로 다수의 스타트업들이 이러한 사실을 모르는 경우가 많다.

물론 이를 보완하기 위한 방법이 없지는 않다. 장문으로 된 입력문을 분절해 적절하게 쪼갠 뒤 각각을 다시 거대언어모델에 입력하면 장문 보고서 생성이 가능하다.

일종의 생성 문장 조립 방식이다. 보다 매끄럽게 만들려면 AI 에이전트의 도움을 받아야 할 수도 있다. 다만 이 과정에서 약간의 환각을 감안해야 한다. 만약 단일 거대언어모델로 장문 리포트 제작을 기대했다면 더 많은 기술적 보완책을 검토해야 할 것이다.

편향성 한계

편견, 고정관념, 문화적 문제로서 편향성 한계는 거대언어모델의 가장 큰 취약점 가운데 하나로 자주 언급된다. 거대언어모델에서 편향성이 발생하는 원인은 크게 두 가지로 분류할 수 있다. 데이터 선택 편향과 설계자 편향이다. 거대언어모델은 우리가 상상할 수 없을 정도로 많은 문서들을 학습한다. 이를 위해 웹상에 공개된 모든 데이터를 긁어 오거나 혹은 말뭉치 형태로 된 데이터세트를 활용한다. 이 과정에서 어떤 데이터를 학습시킬 것인가를 결정하는데, 데이터 선택의 편향은 이 과정에 개입된다. 성, 연령, 지역, 국가 등의 편견과 고정관념이 제거되지 않은 대규모 데이터세트를 선택해 학습 데이터로 포함할 경우, 거대언어모델의 사회적 편향은 강화되는 경향을 띤다. 더 많은 데이터를 확보하기 위해 편견이 반영된 데이터까지 마구잡이로 학습 데이터로 활용되는 경우가 많아 이 문제는 좀체 해결이 쉽지 않다. 또 다른 요인은 설계자 편향이다. 학습 데이터의 소스가 되는 대규모 말뭉치를 설계하고 제작한 이들이 누구인가가 편향의 중요한 원인으로 작용한다. 말뭉치 제작자의 연령, 성별, 문화권 등은 데이터의 구성과 분포에 영향을 미칠 수밖에 없다. 예를 들어 모든 거대언어모델이 대부분 학습 데이터로 활용하는 위키피디아의 예를 들어 보자. 위키피디아 편집자의 87%는 남성이고 특정 연령대 그룹이 다수를 차지한다는 통계가 있다. 위키피디아의 데이터는 이러한 특정 그룹의 가치관과 세계관을 대변할 수밖에 없는 데이터라고 할 수 있다. 이러한 데이터세트를 주요 학습 데이터로 사용할 경우 특정 집단의 편견이 거대언어모델에서 고착화될 수밖에 없다.

어찌 됐든 거대언어모델은 사용자 모두에게 공정해야 하며, 생성되는 결과물에 편견, 고정관념 또는 문화적 해악을 반복하지 않아야 한다. 이를 완화하기 위해 프롬프트 단계에서 다음과 같은 기법을 검토해 볼 수 있다. 첫째는 '바닐라 프롬프팅(Vanilla Prompting)'이다. 거대언어모델에게 편견이 없도록 지시하는 간단한 지시문으로 구성된다. 이 기법은 '도덕적 자기 수정(moral self-correction)'으로도 알려져 있으며, 균형 잡힌 데모 선택

(Selecting Balanced Demonstrations)을 함으로써 거대언어모델 출력물에서 편견을 줄일 수 있다. 둘째로 '문화적 인식(Cultural Awareness)' 주입 기법이 있다. 거대언어모델의 문화적 적응을 돕기 위한 프롬프트 엔지니어링 방식이다. 거대언어모델에게 자체 생성 결과물을 정제하도록 요청하고, 문화적으로 편향 없는 어휘를 사용하도록 지시하는 것이다.

지금도 거대언어모델이 지닌 편견의 한계를 극복하기 위해 다양한 연구들이 데이터와 모델, 프롬프트 차원에서 진행되고 있다. 데이터세트를 설계 제작하거나 거대언어모델을 직접 개발하는 스타트업이 아니라면 프롬프트로 교정하거나 완화하는 방법 개발에 조금 더 집중할 필요가 있다. 그것이 비용 효율적이기 때문이다. 결론적으로 스타트업들은 편향된 결과물이 도출될 수밖에 없다는 전제를 바탕으로 이를 최소화할 수 있는 다양한 기법들에 지속적으로 관심을 기울일 필요가 있다.

참고문헌

Deck. A.(2024). ChatGPT is hallucinating fake links to its news partners' biggest investigations. https://www.niemanlab.org/2024/06/chatgpt-is-hallucinating-fake-links-to-its-news-partners-biggest-investigations/

Hicks, M. T., et al.(2024). ChatGPT is bullshit. *Ethics and Information Technology, 26*(2), 38.

Ji, Z., et al.(2023). Survey of hallucination in natural language generation. *ACM Computing Surveys, 55*(12), 1-38.

Navigli, R., et al.(2023). Biases in large language models: origins, inventory, and discussion. *ACM Journal of Data and Information Quality, 15*(2), 1-21.

Schulhoff, S., et al.(2024). The Prompt Report: A Systematic Survey of Prompting Techniques. arXiv preprint arXiv:2406.06608.

https://en.wikipedia.org/wiki/Wikipedia:Who_writes_Wikipedia%3F

https://platform.openai.com/docs/models/gpt-4o

09
AI 프로덕트와 UX

사용자에게 프롬프트 작성 없이 원하는 기능을 AI로 제공하기 위해서는 프롬프트리스를 포함한 UX의 혁신이 필요하다. AI 시대에 자주 언급되는 UX의 관점과 접근법을 살펴본다.

AI와 화장품?

야코브의 법칙과 AI UX

야코브의 법칙(Jakob's Law, 사용자들은 모든 사이트가 다른 사이트와 유사한 방식으로 작동하는 걸 선호한다는 법칙)으로 유명한 UX 분야의 대가 야코브 닐센(Jakob Nielsen)은 AI 시대가 60년 만에 새로운 UI 패러다임을 불러왔다고 했다. 일괄 처리 방식의 첫 번째 패러다임, 명령 기반 인터랙션 디자인이라는 두 번째 패러다임을 지나 의도 기반의 결과(Intent-Based Outcome Specification)라는 세 번째 패러다임에 이르렀다고 설명한다. 두 번째와 세 번째 패러다임 사이의 시간적 간극이 무려 60년일 정도로 완전히 새로운 사용자 경험을 설계해야 할 시점에 와 있다는 것이 그의 주장이다. 그가 설명하는 의도 기반의 결과 방식은 우리가 AI 제품에서 만나게 되는 인터페이스 그리고 그 인터페이스 앞에서 상호작용하는 패턴을 떠올리면 쉽게 이해할 수 있다. 이전까지는 기계에게 명령을 내리면서 상호작용하는 UI가 주를 이뤘다면, 지금은 결과를 입력하고 그 값을 받아 오는 대화창 중심으로 변화했다. 예를 들어 보자. 아래아 한글에서 상단의 도구박스에는 편집 명령을 내리는 행위를 추상화한 버튼들이 널려 있다. 원하는 버튼을 누르면 편집창에 작성된 글이 그 명령에 따라 변화한다. 하지만 AI 시대에 들어서면, 대부분이 결과값을 가져오라는 버튼들이다. "이 글과 가장 관련이 높은 이미지를 그려 줘", "이 문체를 세련된 뉴스레터체로 바꿔 줘"와 같은 대화형 결과 제시 방식이다. 이를 의도 기반의 결과 방식이라고 부른다.

명령 기반 인터랙션 디자인이라는 패러다임에선 가급적 사용자들이 쉽게 명령 기호를 이해하도록 돕는 것이 핵심이었다. 하지만 일련의 명령 체계를 생성 AI에게 위임한 UI 패러다임에선 이러한 접근 방식이 더이상 통하지 않는다. 따라서 지금까지와는 현저하게 다른 UX 설계가 반드시 필요해지는 것이다. 새로운 AI 제품을 설계하고 개발하려는 스타트업들이 반드시 유념해야 할 개념 중의 하나다.

AI 프로덕트의 UI/UX 문제점들

정확한 통계는 아니지만, 2024년 초까지만 하더라도 AI 빅테크 기업들에 UX 전문가는 손에 꼽을 정도였다. 1000명 이상의 직원 규모에 고작 5~10명 수준이었다. 이러한 흐름은 지금도 크게 개선되지는 않고 있다. 개발자가 주도하는 UI 설계는 늘 맹점이 따라붙기 마련이다. 야코브의 법칙을 고려하지 않은 불편하고 이해하기 어려운 인터페이스가 그것이다. 실패한 UX의 대표적 사례로 이미지 생성 AI 도구 미드저니(Midjourney)가 자주 거론된다. 미드저니는 가입에서부터 새로운 이미지 생성, 생성된 이미지의 변형과 다운로드에 이르기까지 모든 과정이 낯설고 불편한 과정들로 가득 차 있다. 'UX의 무덤'이라는 별칭이 새삼스럽지 않을 정도다. 전형적인 개발자 주도형 디자인이어서다. 어느 위치에 있는 어느 이미지를 선택해야 추가 작업을 할 수 있는지를 파악하려면 몇 번의 시행착오를 겪어야만 한다. 다만 그것이 가져다주는 매력적인 혜택, 즉 무료로 몇 장의 고품질 이미지를 획득할 수 있는 기능적 유익 덕분에 최악의 UX가 가려지고 있을 뿐이다. 그렇다고 다른 AI 제품들이 더 나은 UX를 선사하고 있다는 의미는 아니다. 여느 애플리케이션보다 사용성이 낮은 탓에 유지율(retention)이 평균 이하로 형성되고 있다는 점을 상기할 필요가 있다. 투자 전문 기업 세쿼이아 캐피털(Sequoia Capital)의 2024년 보고서를 보면 챗지피티의 한 달 기준 유지율이 기존 애플리케이션의 평균값에도 미치지 못한다는 사실을 확인할 수 있다. 그만큼 사용성 측면에서 AI 애플리케이션이 취약해 개선의 여지가 크다고 볼 수 있다.

현재까지 출시된 AI 제품들의 디자인 패턴은 크게 3가지로 나눌 수 있다. 자유 형식(Freeform) 디자인, 작업 중심(Task-Driven) 디자인, 보이지 않는(Invisible) 디자인이 그것이다. 자유 형식 디자인은 마이크로소프트 코파일럿에서 그 유형을 찾아볼 수 있다. 엑셀 작업창 오른쪽에 AI 대화창이 열리고 그 안에서 AI와 대화를 나누면서 결과값을 도출하는 디자인 유형이다. '엑셀창의 13으로 작성된 모든 숫자를 3으로 바꿔 줘'라고 오른쪽 자유 형식 대화창에 입력하면 왼쪽의 엑셀 데이터가 바뀌는데 이런 형태를 말한다. 자유 형식 디자인은 UX 측면에서 치명적인 약점을 지니고 있다. AI가 어떤 작업을 어디까지 할 수 있는지 알 방법이 없다는 것이다. 열린 대화창만 보면 AI는 모든 업무를 대화 과정에서 수행할 수 있을 것 같다는 기대감을 심어 준다. 심지어 상당한 품질로 작업을 완료해 줄 것이라는 예측도 하게 한다. 하지만 기대만큼의 작업 품질을 만들어 내기까지는 상당한 노력과 지식이 필요하다. AI에 대한 지식 정도가 작업 품질에 직접적인 영향을 미치는 디자인 구조라고 할 수 있다.

작업 중심 디자인은 비교적 친절하고 직관적인 편에 속한다. 문체변경 AI 오웰이나 번역 앱 딥엘(DeepL)등이 여기에 속한다. 이러한 디자인 유형은 별도의 대화창 없이 그리고 프롬프트 입력 없이 특정 작업을 빠르게 수행하는 데 도움을 준다. 복잡한 프롬프트 입력이 없는 경우가 많기에 프롬프트 없는 UI라고도 한다. 하지만 자유 형식 대화창 디자인과 달리 사용자의 자유도가 상대적으로 떨어진다. 작업의 맥락을 AI에게 알려 주고 싶지만 그러한 공간을 제공하지 않는 경우가 많다. 최종 결과물을 수정하고 싶어도 그럴 수 없는 인터페이스를 고수하는 곳이 많다. 따라서 만족스러운 작품 품질을 얻어 내기까지 시간이 걸릴 수도 있다.

보이지 않는 디자인은 말 그대로 사용자 인터페이스 뒤에서 작동하는 AI다. 사용자와는 상호작용하지 않으면서 최상의 품질을 제공하는 UI 유형이다. 넷플릭스의 추천 비디오가 이 사례에 해당한다. 최근 들어 생성 AI를 사용자 정보와 결합해 추천 엔진으로 도입하는 경우가 늘어나고 있다. 기존 규칙 기반 알고리즘의 한계에서 벗어나 생성 AI의 인텔리전스에 추천을 맡기는 접근법이다. 보이지 않는 디자인은 한 가지 치명적 약점을 지닌다. 투명하지 않다는 점이다. 개인정보를 어디까지 수집하고 활용하는지, 더 나은 추천을 위해 학습될 경우 제대로 보호는 되고 있는지 알 방법이 없다. 그렇잖아도 AI 자체를 블랙박스로 여기는 사용자들이 많은 상황에서 보이지 않는 디자인은 개인정보 노출의 위험성을 안고 있다.

더 나은 UX 설계를 위한 몇 가지 팁

아직 AI 프로덕트는 초기 모형들이다. 정교한 사용자 분석을 통한 UX 개선의 시도가 꾸준히 시도되고 있는 영역이다. 얼마든지 개선될 수 있고, 바뀔 수 있다. 단, 한 가지 착각에 빠지지 않아야 한다. 현재 전 세계적으로 각광을 받고 있는 생성 AI의 UI/UX를 최선이나 최상으로 가정하는 것. 이를 베끼거나 모방하는 방식으로 UX를 설계하는 것은 사용성 측면에서나 비즈니스 측면에서 치명적인 결과를 낳을 수도 있다. 이러한 오류에 빠지지 않기 위해 경험에서 얻은 몇 가지 팁을 제공하고자 한다.

친절한 사용 지침 제공

생성 AI를 경험해 본 국내 인구는 12.3%에 불과하다는 조사가 있었다. 여전히 10명 중 1명만 사용해 볼 정도로 낯선 기술 도구다. 이는 AI 제품을 설계하고 디자인하는 과정에서 '친절해야 한다'는 명제를 확인해 준다. 하지만 다수의 AI 제품들은 사용법 제안에 인색하다. 설계자 본인이 워낙 익숙해진 탓이기도 하다. 이 문제를 해결하기 위해서는 어떤 방식으로든 쉽게 경험해 볼 수 있는 사용 지침이나 튜토리얼 영상, 사용 예시 등을 제품 곳곳에 배치할 필요가 있다. 어떤 방식으로 사용할 경우 어떤 정도의 결과물을 얻을 수 있는지 친절하게 지침을 제공하는 것이 더 높은 사용성을 유지하는 중요한 방안 중 하나다.

피드백 버튼의 고정

UX의 기본 원칙에는 행위 유도성(Affordance)과 피드백(Feedback)이 반드시 포함된다. 특정 창, 특정 기표만 봐도 사용자들이 깊은 고민 없이 행동을 하도록 유발하는 방법은 UX의 기본 중 기본이다. 행위 유도가 성공적으로 완료되려면 적절한 상태 피드백이 제공돼야 한다. 특히 생성 AI는 결과물이 생성될 때까지 시간이 소요되는 경우가 상당하다. 현재 생성 작업이 진행되고 있는지, 기다려야 한다면 얼마나 기다려야 하는지 충분히 고려하지 않으면 행위 유도는 성공하지 못한다. 특히 이미지나 영상 생성의 경우 기다리는 동안 작업 상태 업데이트 피드백을 흥미로운 방식으로 다양하게 제공하는 것이 필수적이다.

결과물에 대한 제어 가능성 제공

사용자들은 AI가 모든 작업을 완벽하게 그리고 전적으로 처리하길 기대하지 않는다. 그만큼 높은 수준의 신뢰를 가지지 않는다는 의미다. 사용자들은 필요한 과정에 필요한 만큼 개입해 자신이 원하는 만큼의 품질 수준을 갖춘 결과물을 얻기를 바란다. 결과물에 대한 제어 가능성이 배제되면 이러한 기대는 빠르게 허물어진다. 상당수의 AI 제품들은 생성 과정 혹은 생성물에 대한 사용자의 제어를 허락하지 않는다. 생성된 결과물을 편집해 품질 수준을 높이거나 진행 방법에 대한 여러 옵션을 제공해서 제어 가능성을 높여 주는 것이 좋다.

데이터 정책 공개

사용자는 당연하게도 투명한 AI 제품을 더 선호한다. 특히 입력 데이터나 개인 데이터의 활용 범위에 대해서는 무척이나 민감하다. 최근 들어 에이전트형 AI 제품들이 늘어나면서 사용자 개인 데이터를 명확한 알림 없이 사용하는 경우도 많다. 문제는 사용자가 입력한 데이터나 개인정보가 어느 정도까지 활용되고 공유되는지 스타트업 스스로도 모르는 경우도 적지 않다는 점이다. 이에 대한 원칙을 정립하고 사용자들에게 투명하게 제공하는 것은 신뢰할 수 있는 AI 제품을 만들어 가려는 스타트업들에게 매우 중요한 UX 원칙이라는 사실을 인식할 필요가 있다.

다시 한 번 강조하지만 현재까지 등장한 AI 제품들의 다수는 개발자 주도 디자인이라고 할 수 있다. 이를 참고해 설계할 경우 실패한 UX 디자인 사례로 재언급될 수도 있다. 면밀한 사용자 조사, UX 디자이너와의 깊은 토의를 통해서 한층 사용성이 향상된 AI 제품 설계를 시도하는 것이 장기적으로 유리하다는 점을 염두에 둬야 할 것이다.

참고문헌

방송통신위원회(2024). 방통위, 2023년 지능정보사회 이용자 패널조사 결과 발표. https://www.korea.kr/briefing/pressReleaseView.do?newsId=156636719&pWise=sub&pWiseSub=C5

유정혁 delivan.(2019). 인터랙션 디자인 핵심 원칙 7가지. brunch. https://brunch.co.kr/@delivan/5

Ben.(2024). Designing better UX for AI – 8 best practices to follow. Medium. https://medium.com/user-experience-design-1/designing-better-ux-for-ai-3913ba156e20

https://www.midjourney.com/home

https://www.sequoiacap.com/article/generative-ai-act-two/

https://www.uxtigers.com/post/ai-new-ui-paradigm

10

AI와 스타트업의 수익 모델

AI를 이용해 스타트업이 새로운 프로덕트를 개발할 경우 API 비용이 만만치 않다. 따라서 수익 모델을 염두에 두지 않으면 지속 가능한 비즈니스를 영위할 수 없다. 어떤 수익 모델을 검토할 수 있는지 살펴본다.

종교와 AI?

거대언어모델 업데이트와 스타트업의 위기

거대언어모델 버전이 한 번 업그레이드될 때마다 혹은 새 버전이 나올 때마다 1000개의 AI 스타트업이 사라진다는 속설이 있다. AI 빅테크의 거대언어모델 개발 속도가 워낙 빠른 데다, 각 버전에 덧붙는 성능의 향상 정도가 상당해서다. 예를 들어, 오픈AI의 GPT-4o, 클로드의 3.5 소네트가 발표됐을 때, 적지 않은 AI 스타트업들이 당황스러움을 감추지 못했다. 멀티모달 기능의 향상 정도가 기대 그 이상이어서다. 실제로 문을 닫은 AI 스타트업도 적지 않았을 것이다. 업데이트된 거대언어모델이라는 강력한 경쟁자를 피하기 위해 섣부른 피보팅을 시도하다 고꾸라지는 경우도 있었을 것이다. 그만큼 현재의 AI 시장은 천문학적인 돈을 들여 자체 모델을 개발하지 않는 이상 아이디어만으로 AI 스타트업을 꾸려 가기가 어려운 실정이다. 앞으로도 더 혁신적인 거대언어모델 출시가 예고돼 있는 만큼 어설픈 AI 서비스로는 지속성을 담보하기가 어려운 게 냉혹한 현실이다.

게다가 거대언어모델은 상당한 비용을 수반한다. 대표적으로 API 사용료다. 많이 사용하면 사용할수록 지출해야 할 API 비용은 빠르게 늘어난다. 이러한 비용 규모를 감당하지 못하고, 자금 조달까지 실패한다면 AI 스타트업은 더이상 버텨 내기 어렵다. 이를 인지한 벤처캐피털들은 AI 스타트업의 비즈니스 모델 검증에 심혈을 기울이고 있다. 이번 장에서는 AI 스타트업뿐 아니라 AI를 활용한 스타트업들이 주의를 기울여야 할 대목과 검토해야 할 비즈니스 모델을 살펴보고자 한다.

AI 스타트업이 실패하는 이유

최근 거의 대부분의 스타트업들이 AI를 장점과 무기로 내세운다. AI라는 수식어를 붙이지 않으면 자금 조달 시장에서 주목을 받지 못해서다. 어떤 방식으로든 AI와의 결합을 내세우며 벤처캐피탈리스트들에게 어필을 하고 있다. 이런 맥락에서 2024년 이후 등장한 스타트업들 가운데 AI 스타트업이 아닌 곳은 사실상 없다고 해도 과언이 아니다. 이 가운데엔 상당한 자금을 수혈받아 또 다른 거대언어모델을 개발하는 묵직한 스타트업도 있겠지만, 대부분은 거대언어모델의 API를 이용해 자신의 전문 영역에 응용한 사례들이다. 이러한 스타트업일수록 차별적 경쟁력을 확보하기란 쉽지 않으며, AI 빅테크들의 모델 업데이트에 취약할 수밖에 없다. 통상 이런 경우를 해자가 없는 경우라고 한다.

본격적인 멀티모달 거대언어모델이 등장하기 1년여

전, 텍스트를 입력하면 웹페이지나 웹사이트를 자동으로 생성해 주는 AI 스타트업들이 유행한 적이 있다. 지금도 이들 AI 스타트업들은 그들만의 시장 리더십을 확보하기 위해 치열한 경쟁을 벌이고 있다. 하지만 이들의 사업적 유효성은 더 이상 전도유망하지 않다. 앤스로픽의 클로드 3.5 소네트 모델이 2024년 6월 중순 발표되면서 이들의 해자는 사실상 평탄한 대로로 바뀌어 버렸다. 클로드 3.5 소네트는 사용자가 원하는 사이트의 모습을 이미지로 등록하거나 상세하게 서술하면 해당 웹사이트의 작동 화면과 코드까지 생성해 준다. 몇 번의 대화만으로 추가적인 수정 작업도 가능하다. 심지어 가격까지 인하했다. 클로드 3.5 소네트의 API를 활용한 여러 애플리케이션이 속속 등장하게 되면, 초기 웹사이트 생성 애플리케이션을 만들었던 스타트업들은 불가피하게 피보팅을 해야만 한다.

데이터의 투명성을 경시한 무책임한 제품 출시도 AI 관련 스타트업이 실패하는 주된 요인 중 하나다. 미국 뉴욕에서 설립된 스타트업 '클리어뷰 AI(Clearview AI)'는 얼굴 인식 기술로 촉망받는 스타트업이었다. 2024년 현재 기업 가치는 2억 달러가 넘는다. 하지만 2020년 단 한 건의 언론 보도로 인해 사실상 사양길로 접어들게 됐다.

기술 개발을 위해 사람들의 얼굴 이미지를 무단으로 수집했다는 기사였다. 원래 이 스타트업은 미국 경찰서와 FBI를 위해 얼굴 인식 앱을 개발하는 회사였다. 문제는 데이터를 수집하는 과정에서 비롯됐다. 인스타그램과 페이스북, 링크드인에서 사용자의 허락을 받지 않고 수십억 장의 이미지를 수집했고 이를 학습 데이터로 활용했다. 뉴욕타임스의 탐사보도로 이 사실이 알려졌고 뒤이어 집단 소송이 제기됐다. 재판에 회부되기도 전에 파산할 것이라는 소문이 돌았지만 최종적으로 2024년 6월, 이 회사의 지분 23%를 집단 소송인들에게 제공하는 것으로 마무리됐다. 겨우 목숨은 부지했지만 매각 등의 조치를 취하지 않으면 안 되는 상황에 이르렀다.

다수의 AI 스타트업들은 사용자 데이터를 수집하고 활용하는 데 윤리적인 접근법을 취하지 않는다. 성장한 뒤에 모두 해결할 수 있을 것이라고 믿는다. 특히 AI 스타트업들은 학습 데이터를 수집하고 활용하는 데 무딘 편이다. 클리어뷰 AI는 그러한 안이한 태도와 접근법이 극단적인 실패를 유발할 수도 있다는 걸 시사한다. 초기 비용을 절감하기 위해 사용자 데이터를 무단으로 수집하거나 활용할 경우, 인지도가 높아지면 그에 따른 책임은 반드시 뒤따른다. 국내에도 이와 유사한 사례로 골머

리를 앓는 스타트업들이 속속 나오기 시작했다. 이를 감당하려면 대규모 투자를 유치하거나 보상금 마련을 위해 빠르게 수익을 내는 수밖에 없다. 아니면 애초부터 위험한 데이터 수집을 시도하지 않는 것이 좋다.

AI 비즈니스 모델 종류와 사례들

앞서 언급했듯 AI 관련 스타트업은 그들이 터 잡게 될 공간에서 생존과 성장을 동시에 달성하기가 쉽지 않다. 해자를 설정하기 어려운 환경에서 다양한 법리적 갈등을 고려해야 하고, 우후죽순 생겨나는 유사 스타트업들과도 경쟁해야 한다. 결국 '이것 없이 어떻게 살 수 있었지?'라는 찬사가 나올 수 있는 제품을 내놓아야만 장기적으로 생존할 수가 있다. 이를 평가할 수 있는 가장 유력한 방법은 제품 사용에 비용을 부과하는 것이다.

사실 AI 스타트업의 수익 모델은 기존 테크 기업들의 수익 모델과 큰 차이가 없다. 라이선스 모델, 구독 모델, 서비스형 AI 모델 등이다. 물론 이 외에 아직 발견되지 못한 수익 모델이 존재할 수 있지만 주류는 이 범위 안에 존재할 가능성이 높다. 중요한 것은 수익 모델보다 비즈니스 모델이다. 수익 모델이 비용을 부과하는 방식을 의미한다면 비즈니스 모델은 해당 수익을 얻기 위한 제품과 수익 간의 논리적 연결 과정을 뜻한다.

최근 연구를 보면 AI 스타트업들의 비즈니스 모델은 기존 IT 기업들과는 2~3가지 측면에서 다른 특징을 지니는 것으로 나타났다(Weber et al., 2022). 첫째는 AI 역량을 통한 새로운 가치 제안 모델이다. 인간보다 우월한 성능을 발휘하는 영역을 찾아 AI의 장점을 십분 활용함으로써 새로운 가치를 창출하는 비즈니스 모델이다. 예를 들자면, 고객 지원(CS) 업무 가운데 반복 상담 영역을 전용 RAG 기반 AI 챗봇으로 제공하면 인건비를 절감할 수 있을 뿐 아니라 우수 상담사는 감정 노동으로부터도 자유로워질 수 있다. 이처럼 AI가 우위를 점할 수 있는 역량을 바탕으로 틈새 산업의 비효율을 제거하는 가치 제안은 작동할 가능성이 높고 실제 AI 비즈니스 모델의 차별화된 패턴으로 정착되고 있기도 하다. 이러한 비즈니스 모델에는 구독이나 라이선스 수익 모델이 적합하다.

둘째는 데이터의 다양한 역할을 활용한 가치 창출 모델이다. AI 시대 데이터는 가치 창출의 근간이 되는 원료다. 하지만 비즈니스 모델로 꿰려면 더 깊은 고민이 뒤따른다. 이 모델을 성공적으로 연결시킨 대표적인 사례가 바로 스케일 AI(Scale AI)다. 스케일 AI는 데이터 라벨링 기업으로 출발했다. 위탁자가 제공한 데이터에 정확한 주석이나 메타데이터를 입력해 보상을 받고 되돌려주는 비즈니스다. 이를 위해 스케일 AI는 전 세계에 걸쳐 크라우드소싱 네트워크를 구축했다. 아프리카부터 동남아시아에 이르기까지, 온라인으로 데이터를 이들에게 할당해 주면 주석과 메타데이터를 입력받고 보상을 해 준다. 스케일 AI는 정확도 검수를 거친 뒤 더 높은 가격을 매겨 고객들에게 판매한다. 이들의 주요 고객은 AI 빅테크 기업들이다. 자체 모델을 학습시키기 위해서는 방대한 규모의 학습 데이터가 필요하다. 그것도 데이터의 높은 품질이 보장될 때 모델의 성능이 개선된다. 스케일 AI는 이러한 AI 생태계만의 특성을 활용해 비즈니스 모델을 구축한 사례다. 오픈AI, 메타 등을 주요 고객으로 두고 있다. 최근에는 무려 19조 원에 이르는 기업가치로 평가받아 1조4000억 원의 자금을 조달하는 데 성공하기도 했다. 국내에선 크라우드웍스가 이 비즈니스 모델을 따르고 있다. 이 외에도 자체 보유한 대량의 고품질 데이터를 바탕으로 기존 거대언어모델을 파인튜닝한 뒤 이를 B2B로 서비스로 판매하는 비즈니스 모델도 속속 등장하고 있다.

한쪽으로는 AI 빅테크가 개발하는 거대언어모델의 성

능 향상을 경계하면서, 자신만의 매력적인 비즈니스 모델을 만들어 가야 하는 어려운 과제가 모든 AI 스타트업 앞에 놓여 있다. 당분간 이런 흐름은 지속될 것이다.

참고문헌

김현아(2024). "GPT-4o로 스타트업 1천개 사라질 것"… 오픈AI 직접 서비스 파장. 이데일리. https://www.edaily.co.kr/news/read?newsId=01554726638890232&mediaCodeNo=257

박찬(2024). AI 라벨링 전문 스케일 AI, 19조 기업 가치 평가로 1조4000억 펀딩 성공. AI타임스. https://www.aitimes.com/news/articleView.html?idxno=159895

Hill. K.(2020). The Secretive Company That Might End Privacy as We Know It. The New York Times. https://www.nytimes.com/2020/01/18/technology/clearview-privacy-facial-recognition.html

Hill. K.(2024). Clearview AI Used Your Face. Now You May Get a Stake in the Company. https://www.nytimes.com/2024/06/13/business/clearview-ai-facial-recognition-settlement.html

Weber, M., et al.(2022). AI Startup Business Models. *Business & Information Systems Engineering, 64*, 91-109.

https://doi.org/10.1007/s12599-021-00732-w

https://scale.com/

https://www.anthropic.com/news/claude-3-5-sonnet

이성규

'콘텐츠 AI 허브' 스타트업 미디어스피어의 대표다. 고려대학교에서 식품자원경제학으로 학사, 서울과학기술대학교에서 디지털문화정책 전공으로 석사, 박사를 수료했다. 오마이뉴스, 매일경제, 블로터 등에서 정치부, 경제부, IT 담당 기자로 활동했다. 다음커뮤니케이션에서 블로거뉴스 프로덕트를 기획했고 구글에서 뉴스 혁신 생태계 파트너십 매니저로 뉴스 혁신 프로젝트 지원 업무를 담당했다. 미디어 스타트업 '메디아티'에서 국내 새로운 미디어 스타트업을 발굴하고 투자하는 역할도 맡았다. 현재는 문체변경 AI '오웰', 유튜브 숏북 제작 AI 등을 개발하고 있다. 『트위터, 140자의 매직』(2009), 『혁신 저널리즘』(2015), 『사라진 독자를 찾아서』(2018) 등을 집필한 바 있다.